跨文化交际语境下英语翻译教学策略探究

刘 丹 著

北京工业大学出版社

图书在版编目（CIP）数据

跨文化交际语境下英语翻译教学策略探究 / 刘丹著．—北京：北京工业大学出版社，2022.7

ISBN 978-7-5639-8406-0

Ⅰ．①跨… Ⅱ．①刘… Ⅲ．①英语－翻译－教学研究 Ⅳ．① H315.9

中国版本图书馆 CIP 数据核字（2022）第 130061 号

跨文化交际语境下英语翻译教学策略探究
KUAWENHUA JIAOJI YUJING XIA YINGYU FANYI JIAOXUE CELÜE TANJIU

著　者：刘　丹
责任编辑：李倩倩
封面设计：知更壹点
出版发行：北京工业大学出版社
　　　　　（北京市朝阳区平乐园 100 号　邮编：100124）
　　　　　010-67391722（传真）　bgdcbs@sina.com
经销单位：全国各地新华书店
承印单位：唐山市铭诚印刷有限公司
开　　本：710 毫米 ×1000 毫米　1/16
印　　张：9.75
字　　数：195 千字
版　　次：2023 年 4 月第 1 版
印　　次：2023 年 4 月第 1 次印刷
标准书号：ISBN 978-7-5639-8406-0
定　　价：72.00 元

版权所有　翻印必究

（如发现印装质量问题，请寄本社发行部调换 010-67391106）

作者简介

刘丹,渤海大学讲师。曾获学校青年骨干教师称号,获得锦州市第十五届、第十七届哲学社会科学成果奖三等奖,获得全国高校教师教学创新大赛——第六届外语微课大赛二等奖。

前 言

随着经济全球化的不断深入，文化逐渐成为连接各个国家、民族的纽带之一，各个民族间不断展开文化交流，这种交流成为一种跨文化传播的重要活动。丰富本民族的文化，并对不同文化的差异性进行审视与关注是促进本民族文化不断进步的表现。

翻译作为信息交流的重要手段，不仅是语言的转换过程，更是文化的传播过程，在跨文化交际中起着重要的作用。借助翻译这一文化桥梁，我们可以将本国文化推向更广阔的世界文化之林，与世界文明和谐交流，甚至引发思维上的变革。

随着经济社会的不断发展，改革开放不断深入进行，我国综合国力不断增强，国际交往日益频繁，国家对高层次翻译人才的需求更为迫切。为了满足社会对英语人才的需要，提高跨文化交际的质量，在经济全球化不断深入的大背景下，英语学习者应该努力提高自身的翻译技能和翻译水平。

本书共七章，第一章为文化与跨文化交际，分别对文化的内涵与渊源、英汉文化差异对比和跨文化交际进行阐述；第二章为翻译概述，重点介绍了翻译的性质与分类、翻译的基本原则、翻译的基本过程以及翻译的相关理论；第三章为跨文化交际与英语翻译，针对三个部分进行分析，包括跨文化交际对语言翻译的影响、跨文化交际翻译的原则与策略、跨文化交际下英语翻译的常用方法；第四章为跨文化交际语境下英语翻译基本技巧教学，主要阐述了英语词汇的翻译技巧教学策略、英语句子的翻译技巧教学策略和英语语篇的翻译技巧教学策略；第五章为跨文化交际语境下英语实用文体翻译教学，重点分析了旅游文体翻译教学、广告文体翻译教学和商务文体翻译教学；第六章为跨文化交际语境下英汉文化翻译教学，主要包括四部分，即英汉习语对比与翻译教学，英汉数字、色彩文化对比与翻译教学，英汉节日文化对比与翻译教学和英汉典故文化对比与翻译教学；第七章为英语翻译中的跨文化意识培养，重点阐述了翻译中的跨文化意识和翻译教学中的译者跨文化意识的培养。

在撰写本书的过程中，作者得到了许多专家学者的帮助与指导，参考了大量的学术文献，在此表示真挚的感谢。

本书内容丰富新颖、系统全面，论述深入浅出、条理清晰，但由于作者水平有限，书中难免会有不足之处，希望广大同行及时指正。

目 录

第一章 文化与跨文化交际 1
第一节 文化的内涵与渊源 1
第二节 汉英文化差异对比 5
第三节 跨文化交际 19

第二章 翻译概述 27
第一节 翻译的性质与分类 27
第二节 翻译的基本原则 30
第三节 翻译的基本过程 32
第四节 翻译的相关理论 35

第三章 跨文化交际与英语翻译 40
第一节 跨文化交际对语言翻译的影响 40
第二节 跨文化交际翻译的原则与策略 42
第三节 跨文化交际下英语翻译的常用方法 49

第四章 跨文化交际语境下英语翻译基本技巧教学 54
第一节 英语词汇的翻译技巧教学策略 54
第二节 英语句子的翻译技巧教学策略 66
第三节 英语语篇的翻译技巧教学策略 80

第五章 跨文化交际语境下英语实用文体翻译教学 86
第一节 旅游文体翻译教学 86
第二节 广告文体翻译教学 92

     第三节　商务文体翻译教学 …………………………………………… 103

第六章　跨文化交际语境下汉英文化翻译教学 …………………………… 112
     第一节　汉英习语对比与翻译教学 …………………………………… 112
     第二节　汉英数字、色彩文化对比与翻译教学 ……………………… 116
     第三节　汉英节日文化对比与翻译教学 ……………………………… 125
     第四节　汉英典故文化对比与翻译教学 ……………………………… 131

第七章　英语翻译中的跨文化意识培养 …………………………………… 135
     第一节　翻译中的跨文化意识 ………………………………………… 135
     第二节　翻译教学中的译者跨文化意识的培养 ……………………… 140

参考文献 ………………………………………………………………………… 146

第一章 文化与跨文化交际

语言是文化的载体，也是我们研究跨文化交际语境下英语翻译教学策略的基础。本章主要对文化与跨文化交际进行阐述，分别对文化的内涵与渊源、英汉文化差异对比和跨文化交际三部分内容进行详细介绍。

第一节 文化的内涵与渊源

一、文化的定义

对于社会大众而言，文化是一种客观存在；对于研究者来说，文化的内涵与外延存在模糊边界。

1871年，英国学者爱德华·伯内特·泰勒（Edward Burnett Tylor）对"文化"做出了具体的界定。他认为"文化"的概念应从民族学角度去理解，文化不仅包含了艺术、法律、习俗等内容，同时也体现了一个民族的习惯和能力。他是最早对文化概念进行界定的学者。

随后的西方学者在对文化的概念进行深入界定时，往往以爱德华·伯内特·泰勒对"文化"的定义为基础。

经过多年研究，文化的定义也日益完善，美国人类学家阿尔弗雷德·克罗伯（Alfred Kroeber）于1963年对文化的定义进行了归纳性总结，并在此基础上提出了相对完善的定义，具体如下：

①文化是由内隐与外显行为模式组成的。

②文化的核心是传统的概念与这些概念所附带的价值。

③文化表现了人类群体的显著成就。

④文化体系不仅是人类行为的产物，还决定了人类进一步的行为。

阿尔弗雷德·克罗伯的这一"文化"定义在一定程度上具有划时代意义，它不仅指出了文化是人类行为的产物，明确了文化的传播手段，同时指出文化对人类行为具有重要的作用。除此之外，该定义在一定程度上也明确了文化的价值观意义，是对泰勒"文化"定义的延伸。

本书所涉及的文化定义主要采用了联合国教科文组织2001年在《世界文化多样性宣言》中的阐释，即文化是某个社会、社会群体特有的，集物质、精神、情感等于一体的综合，其不仅涉及文学、艺术，还涉及生活准则、生活方式、传统和信仰、价值观体系等。

随着学者对文化定义研究的深入开展，在20世纪90年代之后出现了大量关于文化的不同定义，从宏观角度而言，可以将此阶段学者关于文化的定义归纳为以下两种类型：第一，社会结构角度。从该角度出发定义"文化"概念的学者认为文化主要指的是对社会发展有一定意义的行为模式和准则，且这种意义具有长期性和普遍性。第二，个体行为角度。从该角度定义"文化"概念的学者比较重视社会群体中的个人活动，他们认为文化对个体目标导向具有制约作用。

通过对当前学术界关于"文化"定义的归纳梳理，不难发现文化能够反映并指导人类社会活动，其能反映包括人与自然、社会、自身的关系，并能用于指导社会群体中个人的行为与认知，包括行为方式选择、价值观念确立及个人与社会利益整合等，这也表明文化是一种综合体。

二、文化的功能

（一）化人功能

文化在人类社会中产生并伴随人类社会进程不断发展，文化是人类大脑意识对社会历史现象的主观反映。这表明文化具有精神属性与化人功能，即文化对人及人类社会具有反作用。第一，从根本上来讲，文化对人的内心世界具有积极的指导作用，人们在文化的熏陶下不仅可以获得身心的愉悦，同时可以使心智水平得到提升，从而在精神上获得一定的满足感。第二，文化在理论指导、舆论导向等方面都起着积极作用，也正是文化的这一作用使其成为推动人类社会发展的精神动力。

（二）育人功能

从某种程度上来讲，文化代表着知识学习，这表明文化具有知识属性与育人功能，即文化能够从根本上改变人或提升一个人的综合能力。具体来讲，文化育人功能主要体现在以下几个方面：第一，文化可以促进人的进化。在人类发展的历史长河中，文化不断推动人类社会的发展，在文化的作用下，人类逐渐从愚昧走向文明。第二，文化可以塑造人。人在文化的熏陶下，不断掌握、更新文化知识内容，进而塑造自身人格。第三，文化可以提升人的综合能力。在文化知识的环境下，随着自身文化知识的积累，人的创造力也会随之进阶，最终人在社会历史进程中扮演的角色会发生改变，即从体力劳动者转变为脑力劳动者。

（三）整合功能

文化具有一定的整合功能。这表明文化具有调节秩序的作用，即通过文化使人类达成某种共识，整合社会群体的利益关系，进而使社会保持相对稳定的秩序，最终将社会打造成一个和谐、稳定的整体。此外，从国家、民族角度而言，一个国家和民族的安定不仅需要一系列的制度来保障，同时也要在行为、观念上对民族成员进行规范，而通过文化的整合功能，可以快速实现这一目标，并使国家、民族成员产生一种强烈的归属感。除此之外，通过文化的整合功能还可以提升一个地区、国家、民族的凝聚力，对推动社会稳定发展有积极作用。

（四）规范功能

文化是人类确立价值观的基础，是社会构建价值体系的依据。这表明文化具有规范功能，即社会通过一定的规章制度，为社会中的群体提供行动准则，以保证社会各项活动的正常化、规范化开展。随着社会文明的快速发展，人类社会出现了许多规章制度，而这些规章制度推动着社会的有序发展。从另一个角度来讲，如果人们的社会行为得不到有效约束，那么社会将会陷入混乱状态，人类社会也难以向前发展。由此可以看出，文化的规范功能是保障人类社会有序发展的基本前提。

（五）正向整合功能

文化的正向整合功能表明，社会在发展过程中并不是时时刻刻处于整合状态，社会的非整合状态也时常出现。例如，在文化环境下产生的社会机构，部分人在追求个人利益时会采用合法的方式，而部分人则为了达到个人利益和目标不择手段，采用非法的方式。其中，前者采用合法方式的行为是文化正向整合状态的体现，而后者采用非法手段与方法的行为则是文化反向整合状态的体现。为此，在社会发展过程中需要充分发挥文化的正向整合功能，从而保持社会体系的平衡。

三、中西方文化的渊源

（一）中国文化的渊源

从根本上来讲，中华民族的文明起源于黄河流域，因为人们在固定的场所进行农耕活动，所以久而久之形成了农耕特色的文化体系。

从宏观角度来讲，中国文化在发展过程中形成了独具特色的价值观体系，其主要以"仁爱""礼谦""顺从"为核心，具体表现为如下几点。

第一，"天人合一，顺天应物"。中国文化强调人与自然的和谐统一，将自然界中无法解释的事情归为天意，凡事都要顺应天意。

第二，"贵和尚中"。在中国文化当中，"以和为贵，崇尚中庸"是为人处世的行为原则。

第三，"家族伦理本位"。在中国文化中，家族伦理占据十分重要的地位，家庭成员不仅要维护家族利益，也要接受家族规章制度的约束。

另外，言论也是中国文化的一个重要组成部分，人们在交际过程中往往采用含蓄、谦让的表达方式。与此同时，中国人也比较重视权威人士的言论，常常借鉴其经典言论来佐证某一件事情。

（二）西方文化的渊源

从某种意义上来讲，西方文化表现出"重物质、轻人伦"的特点，并极力推崇个人权益，认为人与自然是对立的。

追本溯源，西方文化受两希文化（希伯来文化、希腊罗马文化）和基督教文化影响较大，也正是在这些文化的影响下，形成了西方文化中的道德观与价值观。

1. 希伯来文化

希伯来民族起源于 5000 年前，其发源地为阿拉伯半岛，当地人们主要以牧羊和牧牛为生。而后希伯来人迁徙至两河流域，并形成了苏美尔文化和古巴比伦文化。随后经过 1000 多年的发展，希伯来民族离开居住已久的两河流域，向北、向西迁徙。

长期以来，希伯来人过着游牧生活，在迁徙中形成了较强的感知世界的能力，他们习惯将各种事物进行联系，也正是这一习惯使其文化具有一定的实用性和公正性的特点。

2. 希腊罗马文化

从地理位置上来讲，古希腊位于欧洲东南部，该地区的地貌主要以山地为主，平原、河流相对较少，因此该地区的人们难以靠农业为生，人们为了生存不得不向外拓展经济，从而使得工商业和海上贸易较为发达。在古代，从事海上贸易的风险很大，这使西方人形成了敢于冒险、勇于尝试新鲜事物的性格。从某种程度上来讲，古希腊海上贸易的习俗在一定程度上促进了"平等、民主、崇尚个人主义"的文化风格的形成。

第二节 汉英文化差异对比

一、文化起源差异

从根本上来讲，中华民族文化与西方文化属于两个不同的文化系统，二者在相互交融之前便已经形成了独具特色的价值观和行为系统。从某种意义上来讲，中华民族文化与西方文化虽然在外力的作用下进行了融合，但是二者却始终处于平行状态，并在这种状态下保持自身特色各自前行与发展。下面将从经济、政治、意识三个方面对中西文化差异进行深入阐述。

（一）经济起源上的差异

1. 大河文化与海洋文化

（1）中国：大河文化

根据相关历史资料佐证，中华民族文化早期的形态之一为仰韶文化。仰韶文化发源于黄河中下游，中国人常常将"黄河"比喻为"母亲河"。同时，仰韶文化在一定程度上反映了中华民族文化的形成受大自然的影响较大。具体来讲，其主要表现在以下几个方面。

①中国境内的河流纵横交错，无论是河流的流域面积还是河流的长度都为这片大地提供了无限的生机，与此同时也保证了中华民族文化的传承与完整。

②从地形地貌上来讲，中国地形地貌复杂多变。中国的地形特征呈现"西高东低"的特点，具体可以细分为三个阶梯。中国东部以平原为主，北部主要以草原为主，中西部有沟壑交错的黄土高原，西南部有山地和丘陵，除此之外，中国

境内还有被誉为"世界屋脊"的青藏高原，其平均海拔高度在4500米以上，青藏高原占地总面积高达200万平方千米。

③中国气候特征同样独具特色，从某种程度上来讲，中国所具有的气候类型几乎占据了世界大多数的气候类型。

④中国半封闭的地理环境在无形中增加了其与西方世界沟通、交流的困难，这在一定程度上也使中华民族文化自成一体。

总而言之，中国独特的地理环境在无形中造就了中华民族文化的多样性与独特性。

（2）西方：海洋文化

与中国相比，大部分西方国家所处的地理环境为三面（西、南、北）环海，形成了典型的海洋文化。

2. 农耕文明与商业文明

（1）中国：农耕文明

从某种程度上来讲，中国的地理环境造就了中国的农耕文明。在中国农耕文明中，"春播秋收""精耕细作"等思想深受推崇。随着中国农耕文明的深入发展，在魏晋南北朝时期出现了胡汉文化大交融，并逐渐形成了以儒家思想为统治思想的文化体系。从宏观角度来讲，中国农耕文明推动了中华民族文化的发展。

（2）西方：商业文明

从地理位置上来讲，西方文明的发源地为爱琴海海域的克里特岛。随着西方农牧业的快速发展，西方人口数量剧增，然而受地理环境的限制，农牧业无法满足西方人的生存需求，西方人不得不将目光转移至渔业，与此同时依靠其发达的航海技术进行商业贸易。虽然克里特岛文明持续的时间较短，但是其文明得到了继承，并发展为希腊文明。随着希腊海上贸易的快速发展，人们在商业贸易过程中逐渐形成了契约意识，契约意识在一定程度上成为衡量人际关系的重要指标。

（二）政治起源上的差异

1. 中国：家国社会

家族集团在中国传统社会中占据十分重要的地位，它不仅涉及婚姻、继承、生产经营，同时也涉及社会教化以及礼法管制等方面。在家族文化的影响下，人们比较推崇"家天下"的宗主统治，这也形成了中国传统文化中"事君如事父"

的忠孝原则，正如孔子所说，"孝悌也者，其为仁之本与"。通常情况下，一个人在家族中的地位往往取决于自身在家族集团网络关系中的位置。

2. 西方：城邦社会

城邦制度在古希腊文明中有十分重要的意义，该制度形成于公元前 8 世纪至公元前 6 世纪。从某种意义上来讲，古希腊城邦制度是当代欧洲政治制度的模范。在城邦制度下，各种姓氏的人们开始聚集于城市。此外，随着西方新兴商业的快速发展，传统世袭贵族的权利遭受挑战，并引发了各种民主政治改革，如发生在雅典的"梭伦改革"等。随着民主政治改革的推进，雅典于公元前 5 世纪达到了民主制全盛时期。虽然此时期雅典的民主制并不是真正意义上的西方民主制度，但是它对以后西方民主制度的发展与完善起到了积极的推动作用。

（三）意识起源上的差异

1. 中国：人文精神

儒家思想在中国文化中占据着十分重要的地位，其中，"仁学"是中国文化精神的核心。在"仁学"的影响下，中国文化重视个人道德素质修养，并将"立德"作为实现人生价值的最高境界。

2. 西方：科学精神

西方文化在海洋文明的影响下，形成了一种独特的科学精神，也使西方形成了分类严密的科学体系。西方的科学精神十分重视理性与客观，并强调在此基础上去探寻真理。除此之外，西方科学精神还强调尊重事物发展的客观规律，坚持实践出真理，并指出了真理的相对性，反对终极真理。

二、心态文化差异

（一）汉语文化"求稳"的心态

在汉语文化环境下，人们产生了一定的"求稳"心态，这与中国群体主义取向的文化有着紧密的联系。中国文化受儒家文化影响较大，久而久之儒家文化中的"相安无事""知足常乐"等思想观点深深烙在人们脑海之中，人们习惯性地认为"万变不离其宗"，并坚持"以不变应万变"的处事原则。

观察中国历史发展进程，不难发现，"求稳"心态已经深深植根于人们的心中，人们至今仍处在"求稳"观念的影响下。中国古代社会长期处于封建阶段，虽然中间经历过外族的入侵、朝代的更迭，但是其社会制度等方面并未发生本质变化，统治者将社会统一稳定作为社会发展的根本保障。

纵观中国发展史，我们不得不承认中国在五千多年的发展历程中始终坚持"求稳"心态，在稳定中求生存、求发展。正是在这种文化环境下，中华民族文化才能得到完整传承。

此外，自中国改革开放以来，中国在政治、军事和外交等方面不断发展，国际地位也随之提升，但是中国仍始终坚持"稳定中求发展"的原则，将"稳定"作为发展的前提，并对"稳定"的作用做出了肯定性评价。这种"渐变式"的发展模式不仅符合中国当前的国情，也深受中华民族文化的影响。

（二）英语文化"求变"的心态

"求变"是英语文化环境下人们的一种重要心态，这种"求变"的心态在美国民众中表现得尤为突出。英语文化环境下人们之所以会出现"求变"的心态，主要原因在于西方人崇尚个人主义的文化理念。

在英语文化环境下，人们认为世界上的事物每时每刻都在变化，从某种意义上讲，"变化"主要表现为一种精神，此种精神主要包含两方面：一是打破常规，二是不断创新。在英语文化环境下，人们不满足于现有的成就，与此同时不愿意受各种制度的限制，他们更加倾向于改变与创造。例如，"打破常规""另辟蹊径""不断创新"等各种求变心态充斥于美国社会，美国人热衷于各种冒险与探索。寻求变化同时也意味着破坏，然而他们将这些破坏称之为"创造性破坏"。

除此之外，英语文化视域下的"求变"心态还体现在其他各个方面，如职业选择、居住地域变动、求学计划以及社会地位等。

在西方，各种从社会底层奋斗并最终发家的成功人士故事数不胜数。同样以美国为例，美国西部的经济开发不仅带动了全国人口的流动，同时也为人们创造了各种创业机会，成就了无数人。众所周知，比尔·盖茨（Bill Gates）放弃学业创办了微软公司，他也因此成为美国精神的典范。又如麦当劳的连锁经营模式，此种经营模式不仅让人们习惯了当前社会快节奏的生活方式，也为部分人提供了创业机会。以上例子中都有"求变"心态的影子，这也在一定程度上反映了西方人的价值观。

三、思维模式差异

（一）中国形象思维与西方抽象思维

形象思维是中国人的主要思维方式，其主要表现为人们在认知事物时往往将其与外部客观事物进行联系，中国人形象思维的形成与其语言体系有着紧密的关系。中国汉字经过几千年的发展，逐渐由象形字转变为形声字。此外，由于汉字方正立体，人们很容易将其与外部事物的形象联系在一起。另外，中文中一些字还具有较强的意象感，如汉字"山"，通过"山"字人们可以在脑海中形成山的形象，这些意象丰富的汉字可以使人产生丰富的联想，在这种语言体系下，中国人逐渐形成了形象思维。通常情况下，形象思维具有一定的情理性、直观性以及顿悟性。

中国人受汉字形象特征的影响，在进行辩证思维时会优先考虑具体的事物，然后从这些具体的事物中总结出规律，因此，中国人在思考时习惯使用归纳法。

从某种意义上来讲，形象思维具有一定的反馈性，这主要缘于它更加关注过去与现在。从历史发展的角度而言，一个国家的发展历史越悠久，它对历史越重视，并在很大程度上受历史的影响越深。中国是一个拥有五千多年文明历史的国家，拥有丰富灿烂的文化。从历史上看，我们不难发现中国曾遭受过多次侵略，侵略战争在给社会带来动荡的同时，也使人们陷入疾苦交加、流离失所的境地，这些惨痛的记忆无法随着时间的流逝而消失。家国精神已经深深印在中国人的脑海之中，指引中国人奋起反抗外来侵略。

同时，人们对祖先及其经验十分尊重，形成了"古为今用"的观念，在汉语文化环境下，中国可谓是世界上最看重历史的国家。

从语言体系上来讲，西方语言体系属于印欧语系，而印欧语系具有一个明显的特征，即暗示性和诱导性较强。在这种语言体系下，西方人的思维方式主要建立在逻辑推理和语义联系的基础上。西方语言呈现出"回环勾连"的特点，西方文字具有流线外形，不知不觉中使人们关注事物之间的联系。另外，从某种程度上来讲，印欧语系的符号形式使该语系中的人对事物外在特征有较为清晰的认知鉴别能力。

西方语言书写符号以及语音形式的特征，表明西方人的主要思维方式是抽象思维。此外，西方语言符号采用的是"点—线—面"的集成方式，即将独立的个体字母组成有实际或暗示意义的词句、篇章，这在一定程度上也使西方语言符号缺乏立体感，从而使西方人在思考过程中脱离了现实，进行纯粹的抽象思考。

在西方抽象思维中，人们通常情况下通过运用逻辑推理的方式，即通过概念、判断等方式进行思考，因此西方人在思考时习惯使用演绎法。基于此，西方人在思维表达上更习惯直述，即不加修饰地将个人观点呈现在段落首句，而后引用社会现象或其他论据来加以论证。

（二）中国螺旋式思维与西方直线形思维

汉字具有表意特征，这种表意所指示的内容能够启发人们进行思考和认知。人们长期使用这种语言文字会对其思维层面产生一定的影响，最终形成螺旋式思维，这种思维结构具有较强的间接性和立体感。

首先，螺旋式思维结构的特点主要表现为"重复"，即重复性地阐述某一个观点。之所以采用这种方式，主要是为了对其观点加以论证，或者是为了从不同角度去证明这一观点，以此来说明问题的复杂性。

不过我们需要对这里的"重复"有一个清晰的认识，它并不是指单一的循环重复，而是在前一个论证的基础上进行更深层次的分析与阐述，从而形成一种螺旋式上升的态势。在现实生活中，中国人在语言表达过程中往往会使用一些重复性的词语，这从某种程度上可以反映出中国人的螺旋式思维。

其次，中国人螺旋式思维的特点还体现在两个方面，即迂回性和间接性。人们在对一个问题进行思考或描述时，常表现出引用某种现象或理论含蓄表达的特征，较少表现出平铺直叙的特征。例如，中国人会谈及一些与主题内容无关的信息内容以此来暗示主题。另外，在人际交往过程中人们往往呈现一种内敛、中庸的交际态度。

由于西方人所使用的语言符号呈线形排列，人们长期在这种语言符号的影响下，其思维方式也发生了一定的变化，并最终形成直线形思维。从日常生活中我们不难发现，西方人的这种直线形思维。例如，在写作过程中，西方人往往将主题句放在段落的开头；而在日常交际当中，西方人的语言比较直接、开放。从历史上看，自柏拉图之后，西方人便十分重视雄辩术，即针对某一问题或现象进行辩论，这也使得西方演说家人才辈出，并在世界演说家中占据重要地位。

（三）中国直觉思维与西方逻辑思维

1. 中国文化的直觉思维

（1）直觉思维的形成

人的直觉的产生具有突然性，并且是由一定原因引起的。具体来讲，直觉产生的原因与条件主要有以下几个方面。

首先，直觉产生的前提是某一方面知识内容的积累。直觉的产生并不是无缘无故的，它通常情况下建立在大量的知识积累之上，只有当知识积累达到一定程度时，再辅以其他因素才会产生直觉。具体来讲，这种知识不仅包括理论专业方面的知识内容，同时也包括众多实践知识内容，而知识积累则是通过日积月累的实践，将理论专业知识和实践知识存储于大脑皮层，并在不断实践中生成一种下意识，最终形成相应的认知模型。

其次，直觉的形成受"内在机制"的影响，即大脑针对外界问题进行的内在思考。

最后，直觉的产生需要建立在特定情境之中。特定情境是人们产生直觉的关键性因素，在特定情境下，主体在深入思考问题时，某一突发压力使自身思维产生较大的波动，进而产生直觉。

（2）直觉思维的内涵

在中国文化环境下形成的传统思维模式更加注重从整体出发进行思考，善于将实践与经验联系起来，并借助直觉对事物进行整体性把握。具体来讲，直觉思维主要采用体认、灵感等方式对事物进行整体把握。由此可以看出，直觉思维十分重视内心体验，但是缺乏相应的实验验证，因此直觉思维具有"认知结果获得快，准确性较差"的特点。从理性视角来看，直觉思维是一种跳脱理性的直觉观察方法。另外，如果人们在使用直觉思维时以逻辑思维为前提，并赋予其较强的逻辑性，便可以提高直觉思维的发挥水平。从某种程度上来讲，直觉思维对中国各个方面都产生了深远的影响，如文艺、医学、哲学、艺术等。

（3）直觉思维的特点

主体直觉因人而异，这使得个人直觉思维在整体上具有某些显著特点。具体包括以下几种。

①全局性。全局性是直觉思维的显著特点之一，这表明个人对事物的思考认知并非绝对的、狭隘的，而是阶段性、系统性的把握。从直觉生成的原因和条件中，可以发现主体直觉的产生以知识积累为前提，而知识的积累并不是只涉及单一方面，而是对相关问题多层次、多角度的知识积累，而后再生成直觉。

②瞬间性。直觉的生成是知识积累到一定程度之后产生的质的飞跃，这种飞跃瞬间打断了知识的渐进式积累，并产生思维能级的变化。

③重组性。从直觉生成角度而言，直觉的产生需要建立在知识积累的基础上，并在此基础上形成对知识的建构。这一过程体现的是个人对事物的系统性、

层次性的思考与认知，通过实现主体思维与外在情境状态的结合，让主体思维能够保持在相对平衡稳定的状态。

2. 西方文化的逻辑思维

（1）逻辑思维的定义

逻辑思维是一种经过人类反复实践的思维方式，并将实践经验以逻辑方式固定在人的意识之中。这在一定程度上表明了逻辑思维是一种必然性思维，是一种前后一致的思维，同时也是一种有理有据的思维。

从某种意义上来讲，逻辑思维是一种理性思维方式，同时也是人类独有的思维方式。此外，逻辑思维形成于人类探索自然的过程中，是一种抽象性思维方式。人们在探索自然时，形成了对客观世界的过程性认知，即以明确事物概念为起点，进而对事物的产生与发展进行逻辑推理和论证，最终形成逻辑思维。这表明逻辑思维符合人类对客观世界的认识规律，能够指导人类认识并改造客观世界。

（2）逻辑思维的内涵

西方思维倾向从科学与理性、分析与实证的角度探讨问题，同时通过逻辑推理来发现问题的本质与发展规律。

黑格尔在18世纪末19世纪初建立了唯心主义的辩证逻辑体系，随着唯物主义哲学的发展，马克思和恩格斯对其唯心主义的辩证逻辑体系进行了改造与完善，逐渐形成了数理逻辑、辩证逻辑以及形式逻辑等基本逻辑工具。西方抽象化的逻辑思维逐渐呈现出公理化、符号化、形式化等特征。从某种程度上来讲，西方人长期在逻辑思维的熏陶下，其思维习惯受到了较大的影响，同时由于部分西方国家的历史相对较短，他们更容易将关注点放在未来。通常情况下，此种类型的西方国家是近现代史中的后起之秀，他们在发展过程中往往不受传统习俗的束缚，勇于创新。

从消费方面看，西方人总是把眼光放在自身以外的世界，他们有着开放的观念。究其原因，古希腊的经济主要是外向型经济，如手工业、商业。在这种情况下，古希腊想要得到发展，必须要采取开放、扩张的对外政策，如购买或掠夺原材料，向外销售或倾销手工业产品，这在一定程度上使西方人形成了敢于冒险和勇于开拓的精神。

（3）逻辑思维的特点

①有限性。逻辑思维建立在阶段性推理的基础上，这个推理过程并不是无休止的，它所需的步骤是有限的，因此逻辑思维具有有限性的特点。

②有形性。逻辑思维的有形性特点反映在呈现方式上。具体来讲，逻辑思维中的定理、规则以及表现，在一定程度上都可以进行简化，并将这些定理、规则以及表现通过简化的逻辑符号呈现出来，从而使逻辑思维具体化。

③顺序性。逻辑思维还具有一个显著性特点——顺序性。人们在利用逻辑思维思考问题时，需要按照一定的顺序来思考问题、验证问题、解决问题，在这个过程中每一个环节和步骤都有严格的顺序，在推理过程中不能直跳过某一个步骤而直接进行下一个步骤，即使在推理过程中跳过了某些步骤，思考者必须对这些跳过的步骤做到心中有数。在使用逻辑思维思考、解决问题时，某些步骤问题是很难解决，甚至无法解决的，因此过分推崇逻辑思维是一种极端的想法。

④条理性。逻辑思维十分重视推理的条理性，所以逻辑思维具有条理性的特点。人们在使用逻辑思维解决问题的过程中，各个环节都在有条不紊地进行，最终得出的结果都可以通过逻辑思维进行验证。

四、时空观念差异

（一）时间观念差异

1. 汉语文化下的"过去时间取向"

在汉语文化环境下，中国的时间观念与西方的"将来时间取向"有明显的不同，中国人的时间观念主要以"过去时间取向"为主。众所周知，中国是一个拥有悠久历史文化的国家，中国人也十分重视历史。例如，中国历史上的尧、舜、禹等历史人物受到人们的敬重。在这种文化环境下，人们习惯使用古人之训来形容、评价某个人或某件事。另外，中国古人受昼夜交替的影响，逐渐形成了环式时间观，在这种时间观念的影响下，人们认为时间是循环往复的。虽然后来中西方文化不断产生碰撞和融合，但是"过去时间取向"这种时间观念依然在人们心中，并对人们的生活产生了十分重要的影响。

2. 英语文化下的"将来时间取向"

在英语文化语境中，西方人的时间观念呈现出个性化的特点——"将来时间取向"。西方人之所以在时间观念上有如此特点，在很大程度上缘于其历史。以美国为例，美国的整体发展历史并不是很长，仅有200多年的历史。美国的主体人群原为欧洲大陆移民，随着移民数量的增加，他们不断开辟美洲大陆，最后成立了美利坚合众国。从文化根源上来讲，美国文化来源于欧洲，但是经过长期发展，美国形成了自己的文化，从而使其与欧洲传统文化有所区别。

另外，从美国人追求个性、个人利益至上的价值观来看，他们对时间十分重视，不会过度留恋过去，而是抓住当下，享受生活。正是在这种环境下，美国人养成了较强的时间观念，他们习惯将关注点放在对未来时间的安排及规划上。

（二）空间观念差异

1.汉英领地意识差异

学者霍尔（Hall）对领地意识进行了深入分析，他认为领地意识属于一个专业性术语。具体来讲，领地意识主要指的是生物主体对属于自己的领地或者势力范围所采取的一系列行为，如使用、保护以及占有。从某种程度上来讲，我们可以将领地细分为两种类型，即个人领地、公共领地。其中，个人领地主要指的是从属于个体的领地范围，如住房、卧室等。公共领地通常情况下指的是属于家庭或者社会集体所有的场所和设施。由于受中西方文化不同的影响，人们的领地意识也有所不同，具体表现在以下几个方面。

（1）领地标识

中西方在领地标识方面存在着一定的差异。首先，中国关于领地标识方面的表现。虽然中国国土面积广阔，但是由于人口众多，所以属于个人的空间范围就变得狭小，为此在区别个人空间与公共空间时，中国人习惯使用标识性较强的有形物体来划分私人空间，如高大的墙体、栏杆等；而在西方，大部分国家地广人稀，他们在划分个人空间和公共空间时所采用的有形物体较为简单，如低矮的篱笆等。

（2）领地占有欲

相比之下，西方人有十分强烈的领地占有欲，其占有欲甚至会延伸到个人物品。例如，在日常工作生活中，西方人对自己的个人空间有很强的维护意识。在家中，不会让他人在未经允许的情况下进入自己的房间。除此之外，在个人隐私方面，他们有较强的保护意识，哪怕是十分要好的朋友也不可以随意打探自己的隐私。

中国人虽然也有领地保护意识，但是相对于西方人而言，其领地保护意识较弱。中国人长期受聚拢型文化的影响，在这种文化环境下，人们习惯与他人分享东西。此外，中国人的领地意识还受其他方面因素的影响，如前文指出了中国人的个人空间范围相对较狭小，这一因素导致个人领地范围变得狭小。

2. 汉英交往距离差异

交往距离亦可被称为近体距离，它主要指的是人们在交际沟通中所保持的距离，这种距离包含多种，如"环境距离""接触距离""人情距离"。关于交往距离，中西方也存在一定的差异。

（1）英语文化下的交往距离特点

由于西方国家地广人稀，大部分西方人习惯了宽松的生活环境，害怕拥挤，因此在日常交际中，他们习惯与他人保持一定的距离。不同国家的交往距离也不尽相同，一般情况下南美、中欧以及东欧等地区的国家的交往距离相对较小，而美国、澳大利亚、英国等国家的交往距离相对较大。例如，英国人在与人沟通过程中习惯在双方之间留出较大的空间。

（2）汉语文化下的交往距离特点

与西方国家相反，中国人口密集，在这种拥挤的生活环境下，人们在相互沟通过程中，对交往距离的要求并不是很高。

3. 汉英空间取向差异

所谓的"空间取向"主要指的是交际双方在沟通过程中的空间位置以及空间朝向。一般情况下，空间取向问题主要体现在"座位安排"方面。为了能够更好地了解中西方在空间取向方面的差异，接下来就以会议的座位安排为例进行分析。

在会议座位安排方面，中西方空间取向基本一致，即"右为上"或"面向房门为上"。中国人在谈事的时候，如在进行商业谈判时往往习惯面对面隔桌而坐。西方人在一些非正式场合中通常喜欢采取"直角而坐"和"对面而坐"的座位方式，"直角而坐"往往是在谈私事，"对面而坐"往往是谈话比较正式或比较严肃。此外，西方人也会出现"同侧而坐"的情况，这种情况下通常代表谈话双方之间的关系比较亲密，是情侣或密友等关系。而在中国，无论双方关系如何，人们在谈私事时都相对喜欢并排就座。

五、汉英物质文化差异

通常情况下物质文化所包含的内容十分丰富，所涉及的领域也较广，如人们日常生活中的吃穿住行，具体包含饮食、服装、设施等方面。

中西方在物质文化方面有着明显的差异，接下来我们就中西方在饮食文化方面的差异进行深入分析。

从宏观角度来讲，中西方在饮食文化方面的差异可谓无处不在，如饮食对象方面的差异。一个地区的饮食往往与其自然环境有着密切的关系，中国古代社会小农经济特征明显，以种植五谷杂粮为主，而畜牧业则未受到重视，这使得中国人的饮食结构呈现出明显的特征，即偏向素食、辅以肉食。随着中国经济的发展，中国的烹调方式呈现出多样化发展特点。中国人热爱美食，在饮食烹饪上非常善于创新。

反观西方国家，他们受地理环境和气候的影响，其畜牧业十分发达，而种植业发展较弱，因此西方人的主要饮食对象为肉类、奶制品，同时辅以少量的谷物。西方人所食用的食物具有高热量、高脂肪等特点。与此同时，西方人在饮食方面十分强调"原汁原味"，他们讲究从食材中获取天然的营养成分。虽然西方人的食材十分有营养，但是种类并不是很多，呈现出单一化的特点，其烹饪方式也十分简单。

由于中西方在饮食方面存在较大的差异，因此在向西方人介绍中国菜名时务必要有一定的翻译技巧，从内涵上把握菜名的侧重点，从而使翻译出来的菜名有助于西方宾客正确理解菜肴的内涵。

中国人通常会使用一些好的寓意来为菜肴命名，如"翡翠菜心"，菜名中的"翡翠"并不能吃，在此处只是一个好的寓意，因此在翻译中需要将其省略。又如"麻婆豆腐"，这个菜名中蕴含着典故，而这一典故仅为中国人所理解，为使西方人能有效理解这一典故，在翻译这个菜名时，不能采用直译的方法翻译成 a pock-marked woman's beancurd，我们可以从这道菜的特色味道出发，并将其作为重点描述对象，以帮助宾客更好地了解这道菜的寓意，如翻译为 Mapo tofu-stir-fried tofu in hot sauce-the recipe is attributed to a certain pockmarked old woman.

中西方在物质文化方面的差异会给译者带来一定的困难，译者在翻译过程中要广泛涉猎各种文化背景知识，有了一定的文化知识储备，翻译起来才会更加得心应手。

六、汉英价值观念差异

（一）集体主义观念与个人主义观念

在世界文化历史演进过程中，东方文化与西方文化显现出较为明显的差异，反映在价值观念方面，则主要表现为集体主义观念与个人主义观念的差异，而这也是理解英汉价值观念差异的关键所在。

1. 中国文化强调集体主义

中国文化价值观念受传统儒家文化的深远影响，更加强调"修身、齐家、治国、平天下"的集体主义。这种价值观念反映在个人利益与集体利益方面，表现为"舍小家，顾大家""集体利益大于个人利益"的思想。

中国人受集体主义价值观念的影响，无论是在工作还是生活中，往往更加注重集体归属感，如工作中的"团队效益"、生活中的"谦让互助"等，这些都是中国社会集体主义的真实写照。

2. 西方文化强调个人主义

西方文化形成历史同样较为悠久，在古希腊哲学中就有包括关于"人"的思考，由此而衍生出的价值观念，也更加强调个人主义。因此，注重个人价值，追求个人利益，把个人置于先于集体的位置，就成为西方文化个人主义的显著特征。与中国文化集体主义观念不同，西方文化个人主义观念强调人是推动集体发展的动力，是创造集体价值的源泉，每个个体都有其存在价值，基于此，西方人认为应该注重维护和发展个人的利益。需要指出的是，西方文化强调的个人主义，并不是指个人利益可以凌驾于集体利益之上，而是在维护集体利益的基础上，发展个人利益。从这一角度来讲，西方社会中的个人主义也是注重维护集体利益的，只不过不像中国社会这样更加注重实现集体利益。同理，中国社会中所强调的集体主义也是注重维护个人利益的，也重视个人在社会中存在的价值。因此，西方文化中的个人主义，是一种相对的、强调个人独立存在的价值观念，是在集体约束内强调个人作用的价值观念，这就提示我们不能片面理解西方文化中的个人主义。

（二）和谐观念与竞争观念

强调和谐还是竞争，是中国社会集体主义观念与西方社会个人主义观念的明显差异。

1. 中国文化倡导和谐观念

中国传统文化的不断演进，推动了中国传统思想文化观念的形成与发展，其中就包括儒家的"大同"思想、道家的"天人合一"思想等。中国农耕文明历史悠久，"靠天吃饭"成为维系中国古代社会生产生活的根基，由此而衍生出的人与自然和谐相处的"和谐"观念，成为中国古代历代统治者的主导观念，同时也对历朝历代百姓的思想产生深远影响。除此之外，"多民族聚居"的历史现状，也是中国文化和谐观念产生的来源，在儒家"大同"思想的影响下，讲求睦邻友好，成为中国古代社会维系人际关系的表现，并对现代社会产生积极影响。因此，在儒家"大同"思想、道家"天人合一"等思想的影响下，在中国古代社会统治者政策的推动下，"和而为公"的和谐观念成为中国社会集体主义观念的典型特征。从这一角度看，中国文化所倡导的和谐观念，有其深厚的历史底蕴。

2. 西方文化倡导竞争观念

在西方文化演进过程中，古希腊哲学思想、人文主义思想以及新航路的开辟等，都在不同程度上影响着西方人的价值观念。如果说古希腊哲学思想使得西方人思考"人"的价值所在，那么人文主义思想则使得西方人更加注重"人"的独立自由，也就是独立的人在时间与空间方面的自由。具体而言，如在空间方面，西方人较为注重居住空间的自由，同时也更加注重在居住空间方面的独立隐私性。与此形成鲜明对比的是，中国人较注重邻里之间的走动，并愿意与邻里分享彼此感受。因此可以看出，在空间方面，西方人的"独立"观念与中国人所倡导的"睦邻"观念有着本质区别，而这种区别又反映出西方人与中国人在个人独处与群体共处之间的差异。

中世纪时期新航路的开辟，使西方与东方贸易往来频繁，西方社会更加重视商业贸易，"重商主义"成为西方社会的典型特征。美国著名学者罗伯逊（Robertson）认为，美国社会的商业文明在1776年美国独立时就已经形成。在"重商主义"思想的影响下，西方人强调个人在商业贸易中的作用，强调个人与他人之间的商业竞争。商业竞争意识推动西方社会个人奋斗观念的进一步发展，在此影响下，西方人愈加注重社会地位、社会声望的提高，以及社会财富的积累，从而推动了个人主义价值观念的发展。

此外，达尔文（Darwin）的进化论思想也为西方竞争观念的形成提供了思想基础。"物竞天择"的进化论思想，对西方社会长期以来的"创世论"思想产生了极大冲击，并极大地影响了西方人的价值观念，西方社会逐渐倡导人与人、人与物之间的竞争，西方人也愈加理解竞争的重要性，愈加注重对机会、资源等价值成本的开发利用。从这一角度看，西方文化所倡导的竞争观念，亦有其深厚的历史底蕴。

七、汉英生活方式差异

受诸多文化因素影响，汉英文化下的人们在生活方式上存在着不同的特征表现。在此主要提出两方面的差异。

（一）面对恭维时的态度差异

在面对夸奖等恭维情况时，汉英两种文化下的人存在着不同的反应。具体而言，英语文化下的人更乐于接受这种恭维；汉语文化下的人受儒家思想的影响，更加强调谦让或是虚心接受，如在面对他人夸奖"孩子学习成绩不错"时，汉语文化下的人们会以谦让推辞的态度回应他人的夸奖。

（二）询问和回避私事时的反应差异

在面对涉及私人私事情况时，汉英两种文化下的人亦存在着不同的反应。比较来看，英语文化下的人对待此种情况，通常"笑而不答"，婉拒他人，尊重对方隐私；汉语文化下的人对待此种情况，则比较愿意与别人共同讨论一些涉及隐私的问题。从个人主义与集体主义的角度来看，英语文化下的人受个人主义的影响，注重个人利益所得，认为包括个人隐私在内的个人利益是不可侵犯的，因此，在对诸如"婚姻、财产、家庭情况"等话题进行讨论时，他们往往会表现出回避或拒绝的态度。汉语文化下的人受集体主义倾向的影响，强调集体融入感，注重人与人之间心得的分享交流，包括产生愉快或是不愉快的原因、成功或失败的原因等，因此，他们希望别人能够聆听自己的心声，以增进彼此的情谊。

第三节 跨文化交际

一、跨文化交际的定义

跨文化交际研究的是不同文化语境下的人在相互交流过程中表现出的社会活动方面的差异。

关于跨文化交际的定义，以下几种较为常见。

①跨文化交际是指那些文化观念和符号系统不同的人们之间的交流。

②跨文化交际是一种交流过程，涉及来自不同文化背景的人。

③有效的跨文化交际的目标是在交互的情境中给不同的个体创造共享机会。

从以上几种较为常见的跨文化交际定义中可以看出，跨文化交际是不同文化语境下的人，通过语言这一象征符号实现的动态的交流过程，其表现出的双向互动交流，为实现人与人之间、组织与组织之间乃至国与国之间的文化交流共享提供了良好的平台空间。

二、跨文化交际的特点

（一）主要指人与人之间面对面的交际

跨文化交际不仅仅存在于国家与国家之间、组织与组织之间，亦存在于个人与个人之间。跨文化交际更多的是反映人与人之间的交流分享，是不同文化背景、不同语境下的人与人之间的面对面的交际。相较于大众传媒非面对面的、单向的、单一的非语言的交际，人与人之间面对面的交际，是不同文化背景下价值观念彼此交融的过程，是一种独具现实意义的双向互动的语言交际过程，其能增加不同语境下人们相互理解的程度，这正是开展跨文化交际研究的原因所在。

（二）涉及多种差异性

不同文化背景、不同语境下的人与人之间的跨文化交际所呈现出的社会活动也具有差异性。反映在社会文化层面，包括价值观念、文化信仰、行为选择等；反映在社会习俗层面，包括着装理念、手势含义、风俗文化等；反映在个人背景层面，包括居住环境、家庭教育、职业观念、地域文化等；反映在交往方式层面，包括处理邻里关系、与人谈话方式、性格观念等。人与人之间跨文化交际的差异性，是人与人之间在社会活动中呈现出的主体性差异特征，由此形成的差异特征最终会影响人与人之间跨文化交际的过程与结果。

（三）容易引起冲突

无论是在社会文化层面，还是在社会习俗层面，抑或在个人背景、交往方式层面，人与人之间在社会活动中呈现出的主体性差异特征，是引起跨文化交际冲突的关键原因。例如，在选择购买肉类食物时，来自西方国家（如英国）的人更倾向于购买牛肉，如果此时正好有来自印度的人在身旁，那就不适宜购买牛肉，因为在印度人看来，牛是他们国家的"神灵"，是不可以亵渎的，这就体现出跨文化交际的冲突。

（四）误解和冲突大多属于"善意的冲突"

人与人之间跨文化交际的冲突，多是由于对不同文化的理解认知不深入、不透彻而产生的，这是一种由客观因素所导致的冲突，并非带有主观恶意倾向。一种礼仪行为在中国社会中是善意的、礼貌的，而在西方社会中或许是恶意的、歧视性的，对礼仪理解认知不深入、不透彻，就会产生"善意的冲突"。其实，这在人与人之间跨文化交际过程中很常见，只要能够及时向对方解释沟通，并充分尊重对方礼仪文化，就能够有效化解这种"善意的冲突"，从而增进双方了解。

（五）常引起情感上的强烈反应

如果说"善意的冲突"是反映在人与人之间跨文化交际认知层面，那么"文化休克"则反映在人与人之间跨文化交际心理层面。跨文化交际会使人与人之间产生相应的心理反应，这种反应尤以紧张、焦虑最为明显，而这主要是由跨文化交际过程和结果的不确定性与模糊性造成的。

（六）挑战与收获并存

跨文化交际所呈现出的差异性，使得人与人之间的跨文化交际充满了挑战与收获。由跨文化交际引起的"善意的冲突"与"文化休克"，对不同文化背景下的个体来说，既是一种挑战，又是一种收获。能够及时恰当地解决跨文化交际中产生的问题，可以给自身带来深刻的变化，如增进自身文化认知理解能力、拓宽文化认知角度、发展文化认知维度等。汉语文化下的人与英语文化下的人通过跨文化交际，增进彼此的文化交流与融合，在学习与理解不同文化后，能够以不同的视角去看待不同的文化差异。因此，在跨文化交际中挑战与收获并存，共同推进人与人之间的交流。

三、跨文化交际的原则

跨文化交际旨在实现不同文化背景下的信息互通共享，而在实际面对面交流过程中，拥有不同文化背景的双方，其交际礼仪、概念认知、交流环节会受到多方面因素的影响，如双方主体差异（家庭教育背景、内在性格、外在行为选择方式等）、双方客体差异（社会发展结构、社会文明发展程度、社会经济发展程度等）、双方交际环境（所处场合、内心环境等），这些因素最终会影响跨文化交际的过程及结果。为保证跨文化交际过程的流畅性、结果的高效性，跨文化交际双方要提前做好准备，认真理解对方的文化，做到尊重文化差异，遵守交际原则。

跨文化交际是不同文化语境下的交流，所以要遵循不同的交际原则。如果双方文化背景相同，那么可以遵循共有的文化交际原则；如果双方文化背景有着显著的差异，那么就要遵循对方的文化交际原则，做到尊重彼此的文化差异。

言语和行为能够反映跨文化交际过程中双方的心理变化，是影响跨文化交际结果的关键点。往往细微之处最能体现出人的具体特征，因此，恰如其分的表达和合乎情理的行为举止可以提高跨文化交际的质量。为此，在实际交往中要遵循以下几点原则。

（一）质量原则

言语是实现交流的工具，而质量又是言语交流必不可少的因素。在跨文化交际过程中，首先要遵循的就是质量原则。此处所提出的质量原则涵盖了质和量两部分内容。在交流过程中，一方要保证言语的准确性，即能被对方准确理解，这是对于质的要求；一方还要保证言语内容的全面性，即能将内容全面地传达给对方，这是对于量的要求。只有遵循质量原则，才能保证双方跨文化交际的正常进行。

（二）礼貌原则

跨文化交际过程中双方的言行举止可以体现双方的个人素养，良好的言行举止会为彼此留下良好印象，这利于跨文化交际的开展。基于此，在跨文化交际过程中，双方应共同遵循礼貌原则。

礼貌原则要求个人言行举止应充分尊重对方文化，包括区域间、地域间或者民族间的传统习俗、宗教信仰及餐饮文化等。双方尤其需要重视跨文化交际中的小细节，于细微之处践行礼貌交际原则。以餐桌礼仪为例，在中国，邀请他人赴宴用餐应遵循"客为上"（即客人入上座席位）的原则，用餐时遵循"长尊有序"（即先请客人中的长者动筷）的原则。在英国，邀请他人赴宴用餐时，尤其要注重身着正装，同时一定要守时。用餐前客人如果带礼赴约，在中国，主人会当面收下，并答谢客人；在英国，主人则会当面打开礼物，以显示对客人的尊重。

如果说"举止"是双方跨文化交际过程中的外在表现，那么"言谈"则是双方跨文化交际过程中的内在表现。言语交流反映出个人心理活动的变化，双方展开言语交流时，要充分尊重礼貌原则，不打断对方讲话，认真回答对方问题，以专注负责的态度完成跨文化交流。例如，在双方交流过程中，如遇对方介绍本国风土人情时，一定要认真听完对方的介绍，在这期间可以穿插提问一些问题，以显示对对方介绍的重视，或者可以通过手势、表情等显示对对方介绍的尊重。

地域民族间文化的多样性，使得礼貌原则的适用呈现出差异性。一些行为在中国可能很常见或是大多数人不太在意，但在西方国家可能被认为是不礼貌的做法。例如，在看菜单点菜或者是拿笔讨论和解答问题时，中国人可能会忽略手势；而在西方国家，如果在看菜单点菜或者是讨论和解答问题时，用到中指手势，则被认为是带有人身攻击的含义，是挑衅他人的做法，是一种很不礼貌的行为。再如，在日本，客人进入主人家里，往往要脱鞋；但在东南亚的一些国家里，客人进入主人家里，脱鞋则被视为不礼貌的行为。因此，在跨文化交际过程中，双方尤其要重视礼貌原则的普适性与差异性，以恰当的礼貌交际方式进行跨文化交流。

（三）得体与适应原则

跨文化交际体现的是个人外在层面（如表情）和内在层面（指心理）的变化。恰如其分地表达和合乎礼节的动作，是得体与适应原则的主要要求。这就要求人们在实际交际过程中，要以尊重对方文化为前提，以得体的方式适应交际要求。

尊重对方文化，即尊重对方国家、地域和民族的礼节习俗。例如，在中国最常见的"酒文化"，就和西方有所区别。具体来说，在中国，倒酒时讲究的是"长尊为先"，即应根据辈分、声望等按主次顺序倒酒。在西方国家，当主人以酒（主要是葡萄酒）宴客时，先是白葡萄酒，再是红葡萄酒，先是口感风味简单的酒，再是口感风味复杂的酒。

跨文化交际是建立在双方平等的关系基础之上的，也就是说，不应出现一方轻视或挑衅对方国家或民族尊严的行为，如果出现此种做法，另一方应该及时反应并及时沟通。

（四）机敏原则

跨文化交际能够反映出个人的交际本领，即个人的应变能力。应变能力是机敏原则的核心要求，多是指个人能在跨文化交流过程中，根据语言环境的变化，做出合乎情理的改变，以保证跨文化交际顺利开展。如外交部发言人在面对记者提问时，能够迅速做出思考判断并组织语言逻辑，以回答相关问题。

四、跨文化的言语交际

跨文化交际以语言为载体，世界文化的多样性使得语言交流也呈现出多样性的特征。国际语用学会秘书长维索尔伦（Verschueren）认为，语言交流的多样性涵盖交际环境、交际背景等多方面内容，而要想实现不同言语间的交流，一方需要因时而变、因地而变，尊重对方的交际需要，选择合适的语言策略以及恰当的表达方式进行跨文化交际活动。

（一）语言是文化的产物与载体

语言是一种特殊的文化，从两者的关系来看，文化是语言的表达内容，语言是文化的表达载体，语言和文化共同推动不同国家、地域和民族间交流活动的开展，共同推进世界文明的发展。文化的多样性决定了语言含义的差异性。例如，在汉语中，一些地方的人习惯把娶老婆、找老婆称之为"讨老婆"。"讨"即讨，有祈求、追求之意，古代社会中男方迎娶女方需以聘礼作为条件，这种习俗也随之沿袭至现代社会，故有男方以聘礼祈求女方同意之意，也就是俗称的"讨老婆"，但用英文表达应该为 marry，而不能用 beg a wife。文化借助语言传播，又通过语言实现跨国家、地域和民族间的交流，实现不同文化、不同经济发展水平、不同政治体制的国家间的相互合作，可以说，语言的作用不仅仅限于文化层面，还包括政治及经济层面。同时，语言承载着人类对事物的思考与认知，是跨国家、地域和民族的人共同对事物的理性讨论，这反映出语言在人类思想层面的作用，因此可以说，语言是人对事物产生认知后形成的概念集合体。例如，在一个人因资金紧张而寻求他人帮助时，如果直接向对方提出借钱，成功概率会大大降低，而如果换一种表达方式，以相对委婉或是带有情感的语言进行表达，成功概率就会相对提高。

（二）语言符号的交际功能

语言是基于个人特定目的而寻求与他人进行交际的传播载体。例如，"It is very cold outside."传递了"外面很冷"的信息；"I am hungry."传递了"我处于饥饿状态"的信息。语言承载着个人的情感，正是借助语言，不同国家、不同种族的人才可以实现信息交流和情感表达，因此，许多国家或地区的人越来越重视语言的交际功能。

1. 语言符号具有识记功能

语言符号是事物概念的口语化表现形式，特定的语言符号涵盖特定事物的内涵和外延。不同国家或地区的人通过语言符号解构事物特征，以便加深对特定事物的认知，同时把对事物的认知借助语言符号运用到实际交流中，进而促进不同国家或地区的人对特定事物的学习。例如，中国汉语词汇中的"指南针"，因其具有实用性价值而受到广泛关注，中国要想向其他国家介绍指南针的实用价值，就必须通过语言符号进行表达，而在表达之前，需要利用语言符号对指南针的特征进行概念化解构，使人们脑海中能够形成对指南针的印象。

2. 语言符号具有表意功能

语言符号反映事物的特定概念，不同国家或地区的人借助语言符号来表达对事物的理解与认知，由此维持人类社会关系的运转。语言符号具有的表意功能，使得跨文化交际更具现实意义。在跨文化交际过程中，特定范围内群体所形成的概念认知，会被另一特定范围内群体赋予新的解释，从而建立新的符号概念，因此，语言符号具有表象意义（presentational meaning）、倾向意义（orientational meaning）和组合意义（organizational meaning）。

3. 语言符号具有审美功能

不同国家或地区的人把对事物形成的概念认知，依据逻辑思维重新排列，形成符合人们视觉审美需求及心灵审美需求的语言符号。例如，英语中的"Was it I saw？"就蕴涵了字母的回环美。英语句子"The crowds melted away."是指人群慢慢地散开，句中的 melted（形容像雪融化一样速度缓慢）就具有含义美。汉语中同样也包含独具审美需求的言语符号，如常见的"淼"字，是由三个"水"组成的，在古代释义以及现代汉语词典中，人们将之解释为"水大的样子"，后来古人根据此字组成"烟波浩淼"（即"烟波浩渺"）一词。再如，古诗中"春风又绿江南岸"，其中的"绿"字便是王安石字斟句酌后定下来的。起初，王安石并不是用"绿"这一字，而是先后用过"到""过""满"这些字，在对比后，可以看出"绿"字更能使诗句富含美感。

（三）语言符号的交际局限性

语言符号在特定群体内呈现的方式不同，其所拥有的含义也具有一定的差异性，这也导致语言符号具有相应的交际局限性。语言符号系统包含声音符号和文字符号，共同推动人类社会语言交际的发展，在不同国家或地区具有不同的指代内容与意义。

1. 语言交际的结构性歧义

跨语言交流能够使人辨析不同国家和地区的语言符号用法，在听觉和视觉的作用下，人类对语言符号加以甄别，从中筛选出适合个人认知的语言符号。在实际交流过程中，语言符号充当语言的"转化器"，将音、义传达给对方，消除语言交际过程中出现的结构性歧义，以此增进彼此对事物概念的理解。

2. 语言交际的礼节性歧义

特定的语言符号涵盖特定事物的内涵和外延，从而出现两种不同的概念。跨文化语言交际最主要的特点，就是语言交际中出现的礼节性歧义，即跨国家、地区和民族的人对同一种事物产生的不同理解，或是对同一种事物的理解出现"只知其一，不知其二"的情况。鉴于此，不同国家或地区的人更应该进行跨文化交际，使不同的语言符号能够准确地被人理解，摸透语言符号中涵盖的特定事物的内涵和外延。除此之外，不同国家和地区的语言学者、专家也应通力合作，提高语言符号传播的准确性。

第二章 翻译概述

当今世界，经济全球化加速推进，国与国、组织与组织、个体与个体之间的联系更加密切，翻译就成为不同国家间沟通与交流的桥梁和纽带。本章主要对翻译进行概述，包括翻译的性质与分类、翻译的基本原则、翻译的基本过程三方面内容。

第一节 翻译的性质与分类

一、翻译的性质

自语言诞生后，人类就通过语言来传达观点、交换意见。翻译是伴随语言交流而产生的，翻译起初旨在解决不同语言之间的交流难题。随着语言的发展，翻译的内涵与外延得到新的解释。各个时代、各个国家的学者对翻译有着不同的认知，但基本上可以将其划分为两类，即传统型语言学翻译观和当代型语言学翻译观。

首先来看传统型语言学翻译观。持该观点的学者以英国语言学家卡特福德（Catford）和苏联语言学家巴尔胡达罗夫（Barkhudarov）为代表。前者认为，翻译是对语言的转换，即将他国的语言转为本国人民通用的语言；后者则认为，翻译是对语言内容的转换，即将他国的语言在转为本国人民通用的语言基础上，再将其内容进行合理转换，以使本国人民更方便理解其大意。

其次来看当代型语言学翻译观。该观点认为语言翻译的过程其实就是一种和原作者展开心灵交际活动的过程，故翻译时尤其要重视语言蕴含的价值，即语言交际价值。美国语言学家尤金·奈达（Eugene Nida）认为翻译就应该体现出其交际价值。他认为，在翻译过程中，译者应注重译文与原文之间的平衡，在不改变原意的前提下，让译文更加具有可读性，这就需要译者做到切合读者的阅读需要。这个观点引起多位学者重视。中国翻译理论家刘宓庆、中国语言学家蔡毅和奈达的观点不谋而合，他们认为，翻译是将原文语言转换为适合本国读者阅读的语言的过程，是将其中具有语言价值的内容传达给读者的过程。

除上述两种学派外，文艺学派注重翻译的艺术化。巴斯奈特（Bassnett）、朗伯（Lambert）、勒弗维尔（Lefevere）等人是文艺学派的典型代表，他们认为翻译应为读者带来美的体验，这种美不仅仅是感官上的美，还应是心灵上的美，即译文语言的艺术价值。

此外，文化翻译观认为译文语言更具文化价值，即译文语言的"跨文化"交际作用，注重通过译文使跨国家、地域和民族的人产生文化共鸣。巴斯奈特（Bassnett）和勒弗维尔（Lefevere）认为，翻译研究是对文化的研究，是从20世纪90年代开始的。

从上述各学派及观点来看，翻译涵盖了语言和文化双重意义。翻译的过程是重新建构译文的语言价值和文化价值，以实现跨国家、地域和民族的文化联系、文化交融。翻译能为跨文化交际的有序开展提供指导，通过翻译不同国家和地区的人可以吸收世界各地优秀的、积极的文化，并从中汲取具备现实指导意义的或提升人格境界的思想，为推动社会政治和经济发展确立思想文化根基。

二、翻译的分类

（一）古阿德克的分类

古阿德克（Gouadec）将翻译分为以下七种类型。

1. 选译

选译（selective translation）指有取舍的翻译，该类型翻译是在特定环境下，基于接受者的主体需要进行有取舍性的翻译，这能为接受者节省相当一部分的时间。

2. 绝对翻译

绝对翻译（absolute translation）指单纯性的对等翻译，该类型翻译从原文角度出发，要求译文应在词性使用、语句逻辑等方面与原文保持一致。

3. 夸张式翻译

夸张式翻译（hyperbolic translation）指含有主观思维的翻译，该类型翻译从译者本体角度出发，译者在翻译时可以遵从个人内心的思考进而将其转换成另一种语言，译文内容具有译者本人的想法。

4. 图译

图译（diagrammatic translation）指图解式翻译，该类型翻译是将原文文字转为译文图片的一种特殊翻译形式。

5. 关键词翻译

关键词翻译（keyword translation）指重点式翻译，该类型翻译是译者围绕原文中的关键词，选择翻译方法以及翻译限度。

6. 摘译

摘译（abstract translation）指概括性翻译，该类型翻译是从原文大意角度出发，单纯地将原文语句含义概括性地转换为译语，也就是将原文语意"浓缩"成译文精华。

7. 再结构翻译

再结构翻译（translation with reconstructions）指读者式翻译，该类型翻译是从读者角度出发，确保译文能够为读者所理解，注重读者的阅读体验。

（二）歌德的分类

歌德（Goethe）将翻译分为以下三类。

1. 对原文所含文化的传播

译者需让读者理解原文中包含的文化内容和蕴含的文化思想。

2. 对原文所含文化的思考

译者需将原文中蕴含的文化思想与个人思考结合起来，将优秀的部分传达给读者。

3. 对原文内容的单纯性转换

译者要使译文语句逻辑与原文逻辑保持一致，不改变原文大意。

（三）雅各布森的分类

1959年，罗曼·雅各布森（Roman Jakobson）根据翻译所涉及的两种代码的性质，将翻译分为语内翻译、语际翻译和符际翻译。

1.语内翻译

该类型翻译是一种语言的两种不同表达方式，只是为了得到辨析探讨的结果，如汉字草书和楷书两种字体的区别。因此，该类型翻译要求和标准意义上的翻译要求有所差别。

2.语际翻译

该类型翻译符合标准翻译要求，是在不加修饰的情况下将一种语言转换为另一种语言的翻译，如常见的英语和汉语的翻译。

3.符际翻译

该类型翻译是两种不同符号系统间的语言转换。

（四）谭卫国的分类

谭卫国在《略论翻译的种类》一文中根据翻译的内容与目的将翻译分为以下四类。

1.信息资料翻译

该类型翻译主要是指专业信息内容，涵盖人文社科、天文研究及体制变革等方面，如监管规定、生产细则、运行机制、监督标准等。

2.摘要翻译

该类型翻译主要是指对文章和著作的归纳概括，即用简洁的译语传达原文内容，如学说论点摘译等。

3.文学翻译

该类型翻译主要是对文学艺术文章和著作的翻译，常见的如诗歌、散文、古诗词等。

4.广告文献与说明性文字翻译

该类型翻译多见于工具操作指南、指示牌、展示物品详情公告等。

第二节 翻译的基本原则

翻译并不是简单地依从译者主观意愿，而是要遵循基本的原则。这一原则能够保证译文与原文内容及思想相契合，以保证译文质量。关于翻译具体应遵循哪些原则，国内外相关学界难以定下明确结论，这也使人们不断对翻译理论进行研究。在此，本节依据相关研究成果，指出忠实（faithfulness）和通顺（smoothness）这两个翻译原则。

一、忠实原则

忠实原则要求译者在翻译过程中，要保证译文与原文的契合度，即能准确地向译文读者体现原文含有的文学艺术价值。使用适合本国家或地区的语言将原文内容及思想翻译给读者，这是忠实原则的核心要义。译者可以把这一原则理解为语言间的转换，但需要注意，在翻译前要仔细查阅原文作者的生平资料，分析原文写作背景，读懂原文隐含的思想，根据原文词句关系组织好翻译逻辑顺序。

【例1】Scientists defined the temperature requirements necessary for the survival of black carp.

［原译］科学家们规定了青鱼生存的必需温度。

［改译］科学家们查明了青鱼生存所需的温度。

【例2】目的是要领导干部年轻化。

［原译］The aim is to make our leaders younger.

［改译］The aim is to ensure that more young people will rise to positions of leadership.

二、通顺原则

通顺原则要求译者在翻译过程中要梳理好字词语句间的逻辑关系，即保证读者在阅读译文的过程中不会发生读不通或是产生歧义的现象。

【例1】Darkness released him from his last restraints.

［原译］黑暗把他从最后的顾忌中解放出来。

［改译］在黑暗中，他就再也没有什么顾忌了。

【例2】你们谁想参加春游就在星期五之前报名并交费。

［原译］You whoever wants to go spring outing please sign up your name and pay dues before Friday.

［改译］Whoever wants to join the spring outing should sign up and pay the expenses before Friday.

虽然目前学界对翻译遵循的原则标准没有明确定论，但结合相关理论研究可以发现，"忠实""通顺"的原则已经得到学界广泛认同。唯有使译文忠实、通顺，读者才能吸收原文的精华。

第三节　翻译的基本过程

一、理解

翻译原文的前提是要理解原文。唯有理顺原文字词语句的逻辑关系，理解字词语句隐含的思想观点，才能保证译文的质量。基于此，译者要明白"理解"在翻译中的重要性，确立"先理解，再翻译"的思想，从宏观任务和微观任务两方面理解原文。

（一）宏观任务

1. 分析源语文本的体裁

任何文章和著作都有其自身的体裁，而衡量翻译质量的关键，首先就是能否明确原文的文本体裁。只有先明确原文文本体裁，译者才能确立翻译的主基调，或是在保证原文大意基础上稍加调整进行翻译，或是单纯忠实于原文进行翻译。例如，在对实用性文章和著作（如科技类）进行翻译时，译者就需确立准确无误的翻译基调，将其内容"原封不动"地传达给读者。

2. 分析文化背景

翻译是两种语言之间的转换，也可以说是两种文化之间的碰撞交融。这就要求译者在翻译前要先理解原文创作的文化背景，理清跨国家、地域和民族的人在文化方面存在的差异，在此基础上，确保翻译内容不会产生歧义，能够使读者更好地吸收和理解原文内容和思想。

（二）微观任务

理解原文既要从宏观把控翻译质量，又要从微观完善翻译细节。以下是微观任务的具体内容。

1. 分析语言现象

语言是人们认识理解原文的核心要素。译者在翻译过程中，需要及时分析原文特有的语言现象，如常见的语句结构倒置、字词内涵与外延的多层释义等。

2. 分析逻辑关系

理解字词语句间的逻辑关系，是保证译文通顺和流畅的前提。原文的创作过程，是原文作者精心组织字词语句逻辑关系的过程，反映了原文作者的语言思维。因此，译者在翻译过程中，也应形成这种语言思维，注重分析原文字词语句的逻辑关系，理解原文字词语句所要表达的思想观点，按照适合本国、本地区、本民族的语法逻辑，将其转换为本国、本地区、本民族的语言，确保实现阅读效果。

因此，译者要基于上述要求来理解原文，进而翻译原文。

二、表达

理解为表达做铺垫。是否能够准确表达是衡量翻译质量的指标之一。在翻译过程中，译者需结合读者的实际阅读需要组织语言逻辑关系，这对译者的语言能力提出了相应要求。基于此，译者要培养个人的创造性思维，提高个人翻译素养，把"表达"作为实现翻译成果创新性转换的关键。中国当代著名翻译家余光中曾指出，翻译是基于译者内心真实情感的表达，即翻译带有译者部分主观倾向。这表明翻译能够体现译者的创造性思维，这也正是翻译所需具备的一种能力。译者的创造性思维不是指对原文中多处内容进行改动，而是将原文中需着重翻译的要点，在符合语言逻辑关系的基础上，综合运用相关理论，对原文进行合理性表达。因此，译者的创造性思维是其个人"视角新颖""视角开阔"的表现，而这种思维尤其适用于翻译要求严格的文章和著作中。

翻译是对语言的合理性转换，这种合理性体现在语言逻辑、语言结构等方面。在中英文语言转换前，译者需掌握这两种语言的差异性特征，明确这两种语言的翻译架构，从中找出共通性。特别是中英文著作中古诗歌和散文等内容，如何才能准确地将诗歌和散文等内容及思想以合理的语言表达出来，一直是翻译界研究的重点，而创造性思维将有助于译者解决此种翻译难题。在中英文语言转换过程中，译者还需遵循原文主体性特征，保证译文与原文语言逻辑一致，帮助读者扫除阅读障碍，打通两种语言之间的连接通道，促进语言创新性表达。

译者对原文的准确理解，有助于译文的准确表达。译者新颖的、开阔的视角，在翻译活动中，表现为译者的创造性思维。在准确理解原文后，译者会将其中的内容及思想进行语言逻辑转换，形成新的语言表达形式，这种新的语言表达形式会带有译者对原文要点内容的创新性思考。译者需要综合考量译文能否为读者带来实际价值，要使译文具有参考性，就要形成对原文的个人思考，而不是单纯地将一种语言直接转换成另一种语言。译者不仅要对原文作者负责，更要考虑读者的感受，因为翻译文章和著作的目的就是促进不同文化思想的交融，引起不同国家和地区读者的共鸣。基于此，翻译有时进行的合理性改动能够实现跨文化交际的目的。在翻译要求严格的文章和著作时，译者借助创造性思维能够将语言逻辑很好地表达出来。例如，将"世界上的很多问题，解决起来都不可能毕其功于一役，但只要坚持就有希望。精诚所至，金石为开。"译为"Not every problem has an ideal solution, but where there is communication, there is hope, and, as a saying goes, 'Faith can move mountains'."从这一例句翻译可以看出，译者在译语中借用 move mountains 来体现"金石为开"，一是着重强调"金石"这一核心词汇所表达的含义，二是保证不改变原文语句的整体意义。可见，译者对词汇的创新性表达，不仅使得译文更加符合读者的阅读认知，同时也使得译文更具有参考价值。从这一点来看，译者对原文的理解和思考是实现译文创新性表达的基础，符合翻译的过程性要求。

三、校改

翻译要求译者不可犯常识性的低级错误，因此，译者需认真校改译文内容。译者要怀有敬畏之心，在校改时保持专注负责的态度，不辜负原文作者以及读者的期望，使译作保持高质量水准。与翻译的前两个过程（理解、表达）相比，校改过程，是译者自我检查、自我提升的过程，是夯实个人翻译基础的过程。在校改阶段，译者可以结合所参考的书籍资料，检查译作中是否出现低级错误，如字词错写、漏写等问题，并注意是否存在语句逻辑不通的问题，同时还需检查以下几点内容。

①校对译文中的语句格式是否正确。
②核实译文中出现的人名及专有名词等是否符合国际统称标准。
③检查译文中的标点符号使用是否正确。
④检查译文中出现的翻译单位是否遗漏标注。

第四节 翻译的相关理论

一、西方翻译理论

（一）关联理论

关联理论属于认知语用学理论，在西方国家得到广泛应用，影响力较大，并且涉及翻译领域。在翻译界，关于翻译的论述时时更新，但是大部分都不能很好地解释翻译的全貌，"不可译性"这个属性话题就是一个难以定义的问题，因为这个问题存在的本身就否定了翻译的效度。关联理论则打破了这种停滞的局面，合理地解释了这一类问题。

1. 关联理论的核心

关联理论的核心问题是交际和认知。其中包含了明示的过程、推理的认知过程，这两个过程涉及信息意图和交际意图。明示过程的特点是作者的表达方式十分清晰，让人一目了然，作者用简洁的话语传达信息，读者能立刻明白。推理认知过程的特点是作者并没有将自己的意图明确体现，而读者需要根据作者的行文逻辑结合行文信息再进行整合推理，最后得出作者的意图。关联理论是交际双方互相理解的前提。关联性运行的机制分为最大关联和最佳关联。什么是最大关联？在交际的过程中，语言传递者或者信息接收者不用费力就能获得最大的语境效果，就是最大关联。最佳关联是语言传递者或者信息接收者要经过相应的努力去理解话语意思，最终获得语境效果。

2. 关联理论对翻译的解释

翻译的外在形式是一种言语交际的行为，这种行为也关系到大脑的推理过程。翻译不单单是对语言的翻译，翻译面对的语境是经常变化的，这就需要在翻译的时候能够根据变化的语境去推理出新的翻译要素。翻译的本质就是在语言之间对各种明示或者暗示的内容进行推理性的解释。翻译的交际活动分为两个过程：第一个过程是译者在看原作的时候，原作是交际者，译者属于受体；第二个过程是读者在读翻译过来的内容的时候，译者就成了交际者，而读者就是受体。译者在两轮的交际过程中明显担任两种角色，是信息传递的中介。

人们进行推理时直接运用的就是关联性思维，在翻译的过程中，关联性思维促使译者对源语进行理解和推理，并根据内容和文化差异对词汇或者语法进行选择。各种译文其实就是译者根据原作作者本身的写作意图和读者对文化和内容的期待来翻译出的。译者从原文也就是交际者所展示的交际行为寻求最合适的关联点进行整合翻译，然后把这些内容通过译文传递给受体，翻译的内容是经过译者理解的内容。译者进行翻译的时候可以加上自己的理解，但必须在尊重原文的基础上进行翻译，需保证内容的最佳关联性。

可译和不可译向来是存在争议的问题，没有统一的定论，这也关系到翻译的本质问题。这个问题在关联理论上终于得到了一个简单的解决方法。

翻译，其实要经过对三种文本的理解才能完成。首先是原交际者和译者的关联文本，这种文本也叫图式文本。译者又和译文的接受者形成新的交际关系，所有的事物都是可以翻译的，一种内容可以用不同的话语表示，同时取得的交际效果也不同。

可译性和不可译性之间有一个十分重要的原则就是对等原则。对等原则可以分为两类，分别为形式对等和动态对等。这两者的根本区别在于形式对等强调信息本身，动态对等强调接受，这两者的出发点虽然不同，但是双方也并不冲突。形式对等可以涉及最简单的语法层次的对等，动态对等更加强调整体的效果，这里说的是语篇的整体效果。

在关联性理论中运用的是动态的阐释法，并不涉及对等原则，这是因为翻译的本质是交际的过程，在交际的过程中原交际者一句话的输出和译者对话语的理解涉及两个人，一定会存在偏差，不可能形成对等，并且在二次输出和理解的过程中也不会对等。

（二）接受美学理论

接受美学理论诞生于20世纪60年代。接受美学理论强调的是读者的接受过程，读者是第一位的，决定文学作品的最终价值。接受美学理论目前研究的重点是如何从对文学理论研究走向对读者的研究。

1. 读者美学

普通的文学理论中，读者并不占主动地位，对于文本传达出来的形象、理念与意义，读者只能被动地接受，文本束缚读者的主观能动性，无论读者的主观态度是欣赏，还是批评。接受美学从读者出发，强调读者美学，主要研究读者怎样拥有积极性、主动性、创造性。当读者处于决定性的地位时，读者美学才会建立起来。

接受美学理论强调读者的中心地位，读者不仅可以参与文本创作，同时也是文学作品形成过程中不可缺少的力量。一部作品只有当和读者见面，被读者发现，才可以称得上是一部作品。这也就说明作品在被读者阅读以前只是一种图示化的结构，存在着很多不定点，只有当读者发现阅读这部作品时，读者运用自己的情感和想象将不定点进行具体化构建才能发掘作品的意义。

2. 期待视野

读者在没有读到作品的时候，本身会根据作品的呈现方式产生期待，就是我们所说的期待视野。期待视野十分关键，有了期待视野，从古至今的文学作品才会被联系起来，它是文学发展的中介。作品是不能离开读者的期待视野而独立存在的。

首先，由于现代社会的信息交流十分迅速且密切，因此一旦出现新的作品，就直接处于读者的接受视野中了；其次，读者的期待视野也会随着时代的变化而发生改变；最后，新的作品被接受必须要有读者的期待视野。

3. 召唤结构

接受美学理论研究的主要内容是文本和文学作品的区分。文学作品是文本和读者的结合。文本和文学作品的最大区别是文本还没有经过读者的阅读，还没有实现它的价值，只有经过读者的阅读和创造，文本才能成为文学作品。文学作品在读者的阅读过程中被动态地呈现。由此可见，文学作品形成的决定性因素就是读者。阅读的过程就是文本和读者双向交流的过程。

文本的召唤结构由留白、空缺、否定三个部分组成。留白在文本中是作者没有明确提出来的部分，读者需要通过作者的提示或者暗示来推理和理解。留白在作品的每个层次结构上都存在，文本有了留白就给了读者对文本进行想象和完成作品的动力。所以留白不能被看作作品的缺点，可以看成是作品的优点，这种留白是作品必须拥有的。在读者阅读文本的时候，文中不同的图景片段移向新的焦点，新旧焦点之间也是有空白的，这些就是空缺。空缺是在读者阅读的时候同时展现的一种动态的概念。否定其实就是读者在阅读的过程中发现文本和自己原本的期待有出入，这个时候就要放弃之前的期待，否定之前的期待，其实有很多文本的内容和情感都和读者的现实生活背道而驰，否定了读者的现实生活，起到了一种鼓励读者向现实社会进行挑战的作用，意在唤醒读者的意识，让读者打破固有的陈旧的思想，产生新的期待。

接受美学理论在翻译界是一种新的翻译研究视角，否定文本意义的排他性，将翻译研究的范围和边界拓宽，让翻译研究的内容更加丰富。

二、我国翻译理论

（一）生态学翻译理论

生态学翻译理论最早是在我国诞生的，由我国清华大学教授胡庚申提出，这种理论简单说就是从生态学的角度进行翻译研究。可以将翻译的各个要素看成一个整体，也就是翻译的生态环境。这个环境中的每个要素都十分重要且各要素关系紧密，促使译者在翻译的时候做出不同选择，译者又依靠这些因素进行翻译的选择和适应。这一点就是与西方的接受美学不同之处，接受美学以读者为中心，生态学翻译理论以译者为中心。

1. 翻译过程

在生态学翻译理论中，译者适应与选择的过程主要体现在译有所为、译有异为、译有可为这三点。

（1）译有所为

这一项过程主要体现在两个方面：一方面是译者在翻译的过程中会加入自己对文本的理解，稍加创造，形成新的译文，属于智力方面的劳动结果；另一方面是译文在得到目的语读者的阅读后可以促进读者的精神文明建设，最终推动社会的进步。

（2）译有异为

翻译是将一种文化的语言翻译成另一种文化语言的过程，这就决定了翻译具有针对性和实效性。翻译的本质就是对中西方历史文化的翻译，这种对中西方历史文化的翻译使得不同国家和地区的文化精华得到保存和传播，推动世界的交流和理解。将中国文化内容翻译成各个国家的语言传播到世界各地，其他地区，尤其是西方国家的人们通过翻译过来的作品可以了解真实的中国，减少双方的误解和摩擦。

（3）译有可为

从 19 世纪末期一直到今天，我国的无数翻译人才将西方的著作、技术、学术等内容翻译过来，让更多的国人了解西方的经济、政治、社会和文化，学习先进的经验、思想与技术，从而推动中国社会的进步。同时，为了更好地适应经济全球化的发展趋势，我国的翻译工作者也要将中国的文化传播到全世界，因为华夏文明不仅属于中国，也属于世界，要让世界看到中国的先进文明，从而推动世界文明的发展，使中国文化融入世界文化，这是翻译工作者的重要工作使命，译者要以传播中国文化为己任。

2. 翻译方法

在生态学翻译理论中，翻译方法为"三维"转换。三维包括语言维、文化维、交际维三个方面，译者要在"三维"下对信息进行选择与转换。

3. 翻译的生态环境

在生态学翻译理论中，翻译的生态环境也讲究"适者生存"，译者只有适应各种翻译环境才能一直走下去，才能翻译出合适的译作。

（二）建构主义翻译理论

建构主义翻译理论也被称作建构主义翻译学，注意要和皮亚杰的心理建构主义区分开，两者不是一个概念。

作为一种社会学理论，建构主义理论的指导思想是知识社会学，知识社会学是将知识融入社会学中进行研究，认为社会、文化和个人相互作用，共同构成知识体系。

建构主义翻译理论具有开放性、实践性和社会性的特点，并且研究模式多元化，主干清晰。这项理论研究的内容为语言，但是整体的运用思路是离不开哲学基础的。

首先，建构主义翻译理论仍认为语言为翻译的基础，不仅包括抽象的语言，还拓展到实践的层面，具有开放性和社会性。

其次，建构主义翻译理论不仅包含基础哲学理论方面的内容，并且随着时代的发展和专业学者研究的不断深入，建构主义在实践哲学方面也逐渐成熟。一方面，实践哲学下的翻译活动和现实社会的联系更加紧密。传统的翻译，往往只注重观念性的内容，原文本和译文本两者处于对立的局面，而建构主义翻译观下的原文本和译文本不再是对立的关系，而是真正成为人们交流的工具，达到了文化交际的效果。另一方面，实践哲学语言观变"语义—句法"模式为"语义—语用"模式，更加关注语言在实践中的应用。翻译不再像原来只追求译文和原文的对等，而是形成了主客相融、符合交往需求的有效而得体的文本。

第三章 跨文化交际与英语翻译

本章基于跨文化交际与英语翻译的关系等问题，分别介绍了跨文化交际对语言翻译的影响、跨文化交际翻译的原则与策略、跨文化交际下英语翻译的常用方法三方面内容。

第一节 跨文化交际对语言翻译的影响

一、文化误译

在翻译过程中，由于译者受本土文化的影响，会习惯性地用自己熟悉的文化习惯来对其他文化内容进行解读和翻译。这是一种文化误读，最终会造成文化误译。文化误译是我国学生进行翻译的时候经常会出现的问题。

【例1】It was a Friday morning; the landlady was cleaning the stairs.

［误译］那是一个周五的早晨，女地主正在扫楼梯。

［正译］那是一个周五的早晨，女房东正在扫楼梯。

欧美国家，尤其是英国或者美国的家庭为了多挣一份收入会将自己闲置的房间出租出去，房东也会为租客提供打扫卫生的服务。这里房屋的男主人就被称为 landlord，女主人被称为 landlady，因此，这里 landlady 要翻译成女房东，"女地主"是明显的误译，带有明显的中国文化色彩。

【例2】"You chicken!" He cried, looking at Tom with contempt.

［误译］他不屑地看着汤姆，喊道："你是个小鸡！"

［正译］他不屑地看着汤姆，喊道："你是个胆小鬼！"

很多中国学生看到这个句子会将 chicken 翻译为"小鸡"，从中国文化的角度来看欠妥。在汉语中我们说人胆小大部分用"胆小如鼠"来形容，很少有人将胆小的人称为"胆小如鸡",但是在英语中,chicken 也可以形容人胆小,是个"胆小鬼",所以按照英语文化理解,这句话的正确意思就是"你是个胆小鬼!"。

【例3】John can be relied on; he eats no fish and plays the game.

[误译] 约翰为人可靠,一向不吃鱼,常玩游戏。

[正译] 约翰为人可靠,既忠诚又守规矩。

正常来说 eat no fish 与 play the game 确实是"不吃鱼"和"玩游戏"的意思,但明显这两种含义在这里是讲不通的,所以可以猜想到这两组词语是有特定文化意义的。对于 eat no fish,在英国,伊丽莎白一世女王规定了英国国教的教义和仪式,一些支持女王改革的教徒为了表示忠诚就打破了原来天主教周五吃鱼的规定,不再在周五吃鱼。所以"不吃鱼"也可以看作"忠诚"的意思。针对"玩游戏"的意思,游戏就必定要遵守游戏规则,所以"玩游戏"可以看成"守规矩"的意思。由此可以看出,如果一味按照自己的文化来理解和翻译,不去了解源语的文化,会给翻译带来很多障碍。

在翻译教学中,要不断地引导学生去了解源语的文化背景和知识,在翻译的时候除了要根据语境来进行翻译之外,也要结合文化背景来翻译,同时运用合适的翻译技巧,就会顺利地翻译出合适的译文。

二、翻译空缺

英汉翻译常见的空缺分为两大类,分别是词汇空缺和语义空缺。

(一)汉英词汇空缺

不同的语言之间既有共性也有特性,语言的特性反映到词汇上,会出现词语含义的不同,影响译者的翻译。

生活环境不同会产生词汇空缺。就拿大米这个事物来说,由于我国属于历史悠久的农业大国,我们对粮食具有特殊的文化情感,大米的不同状态会有不同的叫法,长在田里的叫"水稻",米粒从稻谷上脱离下来装袋售卖的就叫"大米",大米做熟就叫"米饭"。但是在英美国家,无论是哪个阶段的大米都只有"rice"这一个称呼。

语言不是一成不变的,随着社会的发展和科技的进步,会诞生新的事物,就会出现新的概念词汇。在 1957 年之前,并没有"人造地球卫星"这个概念,当苏联第一颗人造地球卫星发射成功后才出现了 sputnik(人造地球卫星)一词,当时,其他国家都没有这个词语,是一种词汇空缺。

（二）汉英语义空缺

汉英语义空缺是指在不同的语言中，同样概念的词汇虽然有相同的意思，但是其本质的翻译内涵是不同的，这种情况在形容色彩的词汇中显得尤为突出，在大多数情况下一个表示色彩的词汇是有相同意思的，但是在一些特定的语境下，一些相同颜色的词汇却表示不同的含义。

例如：

black and blue   青一块，紫一块

brown bread   黑面包

green-eyed   眼红

在语义教学中，教师要培养学生发现语义空缺现象的能力，当遇到这种语义空缺的情况时，一定要结合文化背景和语境情况，挖掘词语真实内涵，不要停留在词语的表层含义。

另外，由于词汇在英语和汉语中所涵盖的范围不同，会造成不同的语义表达，同时也可能因为使用语言的场合不同产生不同的含义。拿 flower 举例，在英语中，这个词除了表示花朵之外，也可以表示"开花""用花装饰"等动词含义，但是在汉语中是没有这些意思的。但是"花"这个词在汉语中除了表示花朵，还可以表示"花钱"等动词含义，这种含义在英语中是没有的。由此可以看出，无论是英语还是汉语，flower 和"花"基本的语义是一样的，但是却又有各自不同的动词含义。这一点在教学中也要注意。

第二节　跨文化交际翻译的原则与策略

一、跨文化交际翻译的原则

翻译有利于消除不同国家和地区之间的语言文化交流障碍，跨文化翻译就是在充分了解两种语言文化的基础上进行准确翻译。由于世界各地的文化具有多样性和复杂性，跨文化翻译工作也有一定的翻译原则和方法。

（一）约定俗成原则

翻译也有一些约定俗成的原则，尤其是在不同文化差异下的翻译。在翻译的过程中，一定要按照语言发展规律和用语习惯去翻译，并且表达方式也要按照

约定俗成的方式。尤其是一些固定内容的翻译，如一些人名、地名等，译者不要进行创新翻译，要按照通用的方法去翻译，以免造成沟通不畅、理解错误与偏差等问题。

例如，将 U. S. Department of State 通常翻译成"美国国务院"，翻译成"美国国务部"是不正确的。我国特有的概念"科学发展观"习惯被翻译为 Scientific Outlook on Development，这个翻译词汇在刚开始采用的时候由于词汇 science 被西方的读者误解（science 在英语中只有自然科学的意思），所以"科学发展观"到英语国家被翻译成了"科技发展观"。但是在汉语中，"科学"并不仅仅指自然科学，还包括社会科学，这种翻译内涵经过一段时间的解释后，才逐渐被西方国家中的人们所接受。

（二）"和而不同"原则

"和而不同"原则也是翻译过程中应该遵守的基本原则，这个原则有两个内涵。

1. 忠实第一，创造第二

有人认为翻译只是将一种语言简单地用另一种语言再现一遍，这种想法是片面的，翻译其实是一种再创造活动，但是译者的再创造并不是没有限制的，是在一定条件下的再创造，是将原文的语义包括文中的文化内涵进行整合转换的一种通俗的传达，这也是翻译属性的体现。翻译是一种实践性的活动，翻译的目的是让本国的人们去了解不同国家的社会和文化，译者的使命就是向译入语国家的读者传递源语的文化，加强信息的交流和沟通。译者不仅要将文化内容进行翻译传播，也要将原作的思想进行传达，同时要使整体的文体文风符合原作。思想的传达不仅包含语义内容，还包含文化内容，要在理解这些内容的基础上理解文体风格。译者为了达到这些目的，就要从细节入手，要保证译入语文本和源语文本在语义、风格等方面保持一致，将"忠实"作为第一原则。

"和而不同"原则中的"忠实"是对原作的忠实，译者在翻译的时候可以适度创作，但是要在尊重原作的基础上进行翻译，不能随意改变原作的内容和思想文化内涵。但是，翻译工作也要讲求灵活变通，"忠于原作"并不是绝对的忠实，一点都不改变反而落入教条主义的窠臼，导致翻译出的文本效果并不好，出现死译的现象，这也是译者要注意的问题。

"忠实"更多的是对源语的语义、文化内容进行准确翻译，但是在语言表达形式上的要求并没有那么严格。当然，翻译工作者的最高翻译境界为"意似""神似""形似",能做到"意似"和"神似"就已经很不错了,对"形似"就不做严格要求了。在译者进行翻译的过程中,不要忽视"文化空缺""概念空缺"的障碍,如果硬要追求忠于原作,译者就会面临表达匮乏的问题,难以用恰当的译入语去表达源语语义,使翻译陷入选择词汇的死胡同,然而如果允许译者对原作的内容进行适当的创造和加工,这种空缺障碍就会消除。翻译的再创造其实就是译者创造性地将原文的精髓内容进行语言上的加工后呈现,并且这种再创造不会忽略原作的文化内涵和凭空捏造一些假象。

2. 内容第一,形式第二

翻译除了坚持"忠实第一,创造第二"的原则,还应该坚持的另一个原则就是"内容第一,形式第二"。内容在这里表示源语本身的语义、文化、情感等隐含内容,形式在这里指原作的文本体裁、文章结构、修辞手段等,是一种外在的表现形式。"内容第一,形式第二"就是将原作的内容放在表达的首要位置,同时尽量兼顾原作的文本形式,但是如果翻译一些文本时,维持原来的形式会破坏翻译内容的准确性,那么就要首先确保内容正确,对形式的要求可以放宽或者不做要求,因为形式本质上就是为内容服务的,不能本末倒置,牺牲内容而追求形式。对一些内容和形式冲突的文本,翻译时还可以进行结构和句型的调整,通过增加或者删减文字来促成内容合理化。

(三)空位补偿原则

翻译领域中有一个概念叫"零位信息",是由美国的《圣经》翻译研究学者尤金·奈达(Eugene Nida)提出的,是说如果一个事物是一个地区或者国家的文化中独有的(比如说,雪在一些国家是司空见惯的事物,但是在一些热带国家不下雪,那里的人也没见过雪,语言中也就缺少"雪"这个词语),没有该事物的地区或者国家就会出现"零位信息"。这也就会在翻译的过程中出现词汇空缺或者语句缺省的现象。消除这种障碍就要坚持空位补偿原则来进行翻译,才能避免信息缺失。

例如:

沉鱼落雁　extremely beautiful

巴儿狗　pekingese

灯会　lantern festival

（四）文化顺应原则

语言具有顺应性，这是指在使用语言的时候，不同的语境需要不同的语言选项，语言本身就拥有很多语言选项，所以人们在使用语言的时候是十分灵活的。语言和文化的紧密关系决定了在交际过程中语言要和文化相顺应，因为两者顺应才能发挥语言的作用，才能达到成功的交际，无论是书面上的交际还是现实中的交际，只有交际的双方都能顺应文化和语境，才能实现交际的目的。

文化顺应放在翻译领域也同样适用，译者在翻译的过程中要联系两种文化的交际，只有顺应这两种文化的语境，调整好表达方式和文化行为才能交际成功。译者要顺应的文化因素有很多，包括读者的期盼、源语中所包含的文化内涵，同时译者本身的能力也要考虑在内，在翻译的过程中灵活调整。因为译者本身就是一种文化的使用者，有自身的文化习惯和文化背景，同时对译文也有自己的见解和期盼，但是为了迎合读者的需求，就要顺应读者的文化特点进行源语的转化，顺应译入语的文化，目的是让读者更好地理解源语作品，以达到文化的有效传递。

（五）文化再现原则

英汉翻译是在文化差异的基础上对差异文化的各种因素进行处理，目的是更好地进行文化交流。

翻译的实践过程是译者通过语际转换让源语的文化信息更好地呈现，也就是文化的再现，文化再现原则包含了三点内涵。

1. 再现源语文化特色

翻译在保留原作内容和架构的基础上也应该带有原作的文化氛围和情调，在翻译的过程中，要尽量不损害原作的文化色彩，讲究"原汁原味"，保留原作文化的完整性。

【例】巧妇难为无米之炊。

［译文1］Even the cleverest housewife can't make bread without flour.

［译文2］Even the cleverest housewife can't cook a meal without rice.

这个例句的内容是关于饮食方面的，中西方的饮食文化差异很大。译文1中将中文的"米"换成了西方国家熟知的面包，虽然可以得到英语国家读者的理解，但是文本的源语文化就会被破坏，反过来再将西方的传统事物面包代替"米"放到我国的古典小说中就很违和，表达不出我国的文化色彩，整体的氛围就会不协调，有损我国的民族特色。在译文2中，就直接将"米"翻译过去，保留了这一文化概念，放在古典小说中，这种翻译方式是比较正确的，符合作品的社会文化背景，也没有损失我国的民族文化特色，虽然和译入语国家的文化有一定的出入，但是更加可以让英语国家的读者了解真实的中国文化。

2. 再现源语文化信息

再现源语的文化信息要求译者在翻译的过程中不要只把眼光放到原文语言的具体含义上面，还应该根据源语中的特有文化在原文中的表现，将文化内涵表现出来，再现源语文化。

【例】Mr. Vargas Losa has asked the government "not to be Trojan horse that allow the idealism into Peru".

［译文］凡格斯洛萨王请求政府"不要充当把理想主义的思潮引进秘鲁的特洛伊木马"。

"特洛伊木马"在原文中明显是一个带有文化色彩的词语，这在西方英语国家代表的是"内部的颠覆者，起内部破坏作用的因素"，理解了源语文化就可以直接用这个词以直译的方式翻译过来，这样既保留了源语的文化信息，又让读者在读懂原意的同时了解更多的西方文化。

3. 再现源语文化风格

在文化翻译实践中，比较高层次的翻译要求就包括再现源语的文化风格，因为一部文学作品的文化风格是这部作品的灵魂和精髓。文本信息可以通过文化风格隐秘地展现出来，并且有一定的规定性作用，在文学作品中，作家通过最基本、最简单的语言文字来表达自己的思想，寄托自己的情感和认知，同时作家也可对语言文字打下自己的风格烙印，形成独特的写作风格。这也就是为什么不同的作家会展现不同的语言风格和作品特色，这种文化风格的再现在翻译过程中也十分重要。

【例】苏小姐理想的自己是"艳如桃李，冷若冰霜"……谁知道气候虽然每天华氏一百度左右，这种又甜又冷的冰激凌作风全行不通。

［译文］Miss Su, who pictured herself in the words of the familiar saying, "as delectable as peach and plum and as cold as frost and ice", ...Who would have thought that while the temperature hovered around 100 degrees everyday, this sweet, cool ice cream manner of hers was completely ineffective.

可以明显看出，原文多次采用了比喻的修辞手法，首先用"艳如桃李，冷若冰霜"来形容美女具有冷艳的气质，之后采用"冰激凌"来形容人既甜又冷淡的行事风格，整体来看，这些修辞手法的使用增加了原文诙谐幽默的效果，用冰激凌作风进行比喻，这是因为冰激凌正好具有"桃""李""冰冷"的特点，翻译成英文也能很好地传达原文的信息，同时也保留了原文的文化风格。

二、跨文化交际翻译的策略

译者在进行翻译的时候不可避免地会遇到跨文化障碍的问题，解决这些问题，需要掌握一定的翻译策略。从文化角度看，"归化"和"异化"是两个最有效和最有影响力的翻译策略，在翻译实践中，这两种策略也要视具体情况而定，灵活使用。

（一）归化策略

归化策略要求译者在翻译过程中要以读者的文化特征为准，以读者为中心，译文的表达方式和语言文化要尽量向读者的文化特征靠拢，比如说，对一些带有民族文化特色的词汇和成语等可以采用归化策略。

【例】Fine feathers make fine birds.

［译文］人靠衣装，佛靠金装。

由于归化策略考虑的是读者的文化特征，所以读者读起译文来就很好理解，并且会产生一种亲切的感觉。比如说，"鸳鸯"这个词翻译成 love bird，就是考虑到西方文化中"爱情鸟"的文化概念，让西方读者理解词汇意思的同时也能产生一种亲切感，如果直译成 Mandarin Duck 就会让英语读者一头雾水。

（二）异化策略

异化策略与归化策略正好相反，异化策略考虑的是源语文化的表达，译者要将源语文本"原汁原味"地进行翻译，按照大多数人都认可的语言风格传达内容。

解构主义催生了异化策略的使用，其中，解构主义的代表人物韦努蒂（Venuti）认为在翻译的时候要让原文和译文的风格高度相似，要让源语文化占据主导地位，是一种"反翻译"的翻译思想。异化策略认为翻译的目的是让译入语的读者了解源语的文化，所以要以源语文化为中心。比如说，将"中国武术"翻译为 Kungfu，将"风水"翻译为 Fengshui，将"蹦极"翻译为 bungee 等，就是保留了中国文化的特点，是异化策略的应用。

中西方文化之间的差异较大，在翻译的时候会出现文化矛盾，要想避免出现这些矛盾和误解，就需要译者审慎地选择翻译策略。在翻译中，可以说诗歌翻译是相当难的，因为诗歌中总是带着特定的历史背景，这种深刻的本民族文化往往是不容易被非本民族文化的人所了解的。

【例】旧苑荒台杨柳新，菱歌清唱不胜春。

只今惟有西江月，曾照吴王宫里人。

（李白《苏台览古》）

[译文]

The Ruin o f the Wu Palace

Deserted garden, crumbling terrace, willows green, sweet notes of lotus songs cannot revive old spring.

All are gone but the moon over West River that's seen,

The ladies fair who won the favor of the king.（许渊冲译）

这首诗是典型的具有中国文化特色的诗歌。标题和第一句中的"台"字明显代指古时吴国的宫殿，诗中通过描写吴国宫殿早已残破不堪的景象来表达对朝代兴替的感慨，在翻译的时候将"苏台"转换成"吴台"就能更好地让英语读者了解诗歌的意思。接下来诗歌中的"宫里人"就直接采用解释性翻译的方法译作"受宠的女子"，更加便于理解，这两处都没有采用直译的方式，而是进行适当变化来促进读者的理解。后面对"旧苑""杨柳""西江月"等具有独特中国意象特征的事物，译者选择直译，因为这些词汇比较容易理解，同时也可以保留中国的文化特色。

（三）归化与异化相结合策略

归化和异化两个策略都十分重要，但是两者在本质上是一种对立的关系，两者虽然冲突但是都有各自使用的范围和存在的意义。在翻译实践中，不可能单纯使用一种策略就可以将一个文本完整地翻译下来，所以经常出现这两种策略结合使用的情况，这样才能将原作完整地翻译出来，结合的效果也更加有利于中国文化的传播和发展。

随着经济全球化的不断深入，在文化交流的过程中，中西方文化的对比冲突被不断弱化，这体现在翻译领域就是译者越来越尊重源语文化，多采用异化翻译策略，强调"原汁原味"。

（四）文化调停策略

文化调停策略就是在翻译中对于一些特定文化内容或者词语选择部分不译或者全部不译。这样做的有利点是可以使翻译出来的文本通俗易懂，有很强的可读性。当然这样做也有一定的弊端，即不能很好地保留原文中具有文化特色的意象，不利于文化的交流。

例如，赵树理的《小二黑结婚》中有一段话："当他六岁时，他爹就教他识字。识字课本既不是五经、四书，也不是常识、国语，而是从天干、地支、五行、八卦、六十四卦名等学起，进一步便学些《百中经》《玉匣记》《增删卜易》《麻衣神相》《奇门遁甲》《阴阳宅》等书。"在这段话中就包含了十几个带有丰富汉语文化色彩的词汇，并且都是一些具有特定文化意义的词汇，比如说五经、四书、天干、地支、五行、八卦、六十四卦名，以及《百中经》《玉匣记》《增删卜易》《麻衣神相》《奇门遁甲》《阴阳宅》等。这些词汇如果直译或者意译都不合适，翻译成英文，读者也不好理解，所以可以直接不翻译，采用文化调停的策略。

第三节 跨文化交际下英语翻译的常用方法

一、词汇层面的翻译方法

（一）信息对等方法

尤金·奈达（Eugene Nida）的功能对等翻译原则要求译者在翻译的过程中要保证翻译出来的文本和原作的信息是对等的，但是要做到完全对等，在现实的翻译实践中是不可能实现的，译文和原文信息对等本身就是一个比较难的要求。一般来说，主要有两种方法可以解决英语翻译中信息对等的主要问题。

1. 信息完全对等方法

信息完全对等方法本身具有十分严格的要求，这种方法通常用于词汇意思基本相同的翻译情况中，这种翻译内容中有大量词汇自身就是语言互借形成的词汇，对于源语和译入语的读者来说都比较容易理解，所以在翻译的时候不需要刻意解释一遍，只要在译入语中寻找对等的词语就可以进行使用。

例如：

弓步　bow step

双赢　win-win

2.信息部分对等方法

信息部分对等方法使用的范围较小，只适用于一些特定的词汇翻译，需要源语和译入语的词语具有相同的词汇意义，但是除了意义相同，在其他方面，比如语义、语法等却不一样，针对这些词汇，译者在翻译时要考虑很多，比如词性、感情色彩等，另外在翻译的时候要注意使用的场合。比如说，翻译的词汇本身偏向口语化，在译文中就不能使用正式的书面词汇，双方的语言色彩要尽量保持一致。

例如：

兼职　moonlighting

哄抬物价　jack up price

（二）补全语义方法

由于中西方文化存在差异，读者所处的社会环境和文化环境都不相同，因此在了解自己文化的同时要考虑译入语的语言习惯和文化水平，比如说，西方国家对中国的文化了解不多，因此在翻译的时候要根据西方国家对中国信息的需求情况，用西方的思维习惯去翻译。比如说，一些具有中国鲜明特色的词汇或者信息，直译或者意译都不太合适，这时候可以采取增译和补译的方法，这样可以起到深入解释源语文化内涵的作用。在方法使用上，需要考虑以下两种情况。

1.揭示原文内涵

为了更深地挖掘原作的内涵，使得读者在阅读的过程中获取核心信息，翻译的时候可以适当增加词语、短语或者句子进行补充翻译。

【例】中国有两点是靠得住的：一是讲原则；二是说话算数。

［译文1］China can be counted on. Among other things, first, it upholds principles and second, it honors its words.

［译文2］On two points, China can be counted on. First, it upholds principles and second, it keeps its words.

在这个例子中，可以看到译文1句子的整体结构发生了调整，增加了Among other things这个短语，这样在帮助读者更好地进行理解的同时也解释了原文的内涵。这里表达出至少两点含义，很好地体现了译者的政治素养，有利于树立中国的形象。但译文2没有进行增译，完全按照原作的结构进行翻译，意思是"中国就只有这两点靠得住"，明显偏离了原作的意思，是一种对内涵的曲解，由此可以看出补译和增译的作用。

2. 补充相关背景

为了让英语国家的读者更深入地了解中国文化，同时更加深刻地理解源语内涵，尽量消除文化差异的障碍，在翻译过程中可以适当地补充一些相关的文化背景内容来帮助读者了解，这样做不仅可以传播中国文化，也可以使译文体现民族文化特色。

【例】必须始终不渝地坚持"两手抓，两手都要硬"的方针，加强精神文明建设。

［译文］We must unswervingly give equal importance to economic development on one hand and to the development of socialist culture and ideology on the other hand.

在译文中可以发现，增加了 give equal importance to economic development on one hand，这是对原文"两手抓，两手都要硬"的增译信息，明确表达了原文中"将经济建设和精神文明建设放在同等位置"的含义，正确传达了我国方针政策，很好地体现了翻译中要凸显核心信息这一原则，由此可以看出补全语义的重要性。

（三）冗余信息删减方法

冗余信息删减方法在信息传递的过程中起着十分重要的作用，在信息论中是一个特殊的概念。在现实的信息传递过程中，各种各样因素的干扰往往导致信息不能完整准确地传递，为了避免这种问题的发生，人们在交际时可能习惯性地扩大信息量，这也就产生了冗余信息。

解构主义观认为，在正常的信息交际中，冗余信息的比例将近占50%，这些没有实际意义的信息会给传递者和接受者带来一定负担，但是冗余信息也有一定的作用，我们可以采取一些可行的方法对这些冗余信息进行科学的整合，从而促进理解。有时候在一些特殊情况中，冗余信息可以缓解语义过载和形式过载的现象，如图3-3-1所示。

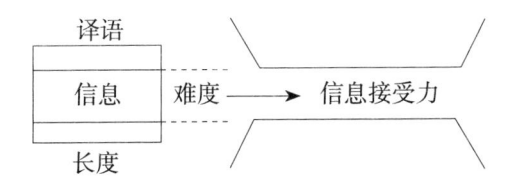

图3-3-1　冗余信息因素对语义过载、形式过载的缓解作用

在英汉翻译的过程中，由于两种语言存在差异，词义信息冗余是不可避免的。从语言特点来看，英语的语法比较精密，英语的词汇和词性变化也更加分明，这就要求译者在翻译过程中不能生搬硬套，也不可望文生义，要根据英汉两种文化的用语习惯，对冗余信息进行删减。

【例】要牢牢抓住经济建设这个中心，坚持聚精会神搞建设、一心一意谋发展，不断解放和发展社会生产力。

［译文］We must firmly commit ourselves to the central task of economic development, concentrate on construction and development, and keep releasing and developing the productive forces.

在翻译的时候，可以先观察句子的结构和用语的情况，可以看出"聚精会神"和"一心一意"在通常情况下表达的意思是一样的，在汉语原文中只是为了对仗和强调，翻译成英语直接译为 concentrate on 就可以表达出原文意思，所以可以适当删减。

二、句法层面的翻译方法

（一）去繁就简方法

"去繁就简"的意思很简单，就是将原文中的冗余信息进行删减，只保留能够最有效地表达原文信息和内涵的部分。和上述删除冗余信息的方法是一样的。比如说，按照中国人说话的特点，在交际的时候增加的一些套话在英语表达中就可以直接删去。去繁就简的方法是将多余的信息删除，同时达到翻译的最终目的，更加便于英语读者理解原作意思，快速把握核心信息。

【例】一出地方戏，如何能玩转整个社会？用白先勇的话来说："昆曲无他，得一'美'字——唱腔美、身段美、词藻美，集音乐、舞蹈及文学之美于一身，经过400多年，千锤百炼，炉火纯青，早已达到化境，成为中国表演艺术中最精致、最完美的一种形式。"

［译文］How did a folk opera have such a profound effect on the whole spectrum of society？ According to Bai Xianyong, "Kunqu combines the beauty of music, dance and literature. Continuously refined for 400 years, it is now the aesthetic pinnacle of Chinese performance art."

这段话的翻译就使用了去繁就简的方法，将原文中的"玩转"（拟人修辞手法）、"最精致、最完美"（夸张修辞手法）等进行了删减，更加清晰地表达了原文的意思。

（二）逻辑显化方法

逻辑显化方法要求译者在汉译英的时候先将句子的行文逻辑理顺，同时可以进行逻辑转换。

【例】据考证，China 首字母大写时是指中国，首字母小写时是指瓷器，它的读音来自汉语"昌南"一词的谐音译。而"昌南"指昌南镇，为景德镇的旧称之一。

［译文］It is believed that the country name "China" comes from "china", a term for porcelain, which is pronounced similarly to "Changnan", a former name for Jingde Town.

先来看原文，原文是由两个短句组成的，在意思上是两个独立的主句，虽然没有任何连接词语将两句串联起来，但是我们可以很明显地体会出作者的意思，如果简单翻译成英语，就会将两个句子完全割裂开，这就需要译者在翻译之前先寻找原文的逻辑关系，才能准确地传达出原文的内涵。在这个例句中，"中国"国名的大写 China 是从"陶瓷"含义的小写 china 演化而来的，所以可以翻译成 the country name "China" comes from china。

（三）合理变译方法

"变译"这一概念最先由语言学家黄忠廉在《变译理论》一书中提出，"变译"的提出拓宽了我国翻译实践的视角。"变译"是一种翻译手法，属于宏观领域，译者在翻译的过程中通过采用不同的翻译手段，如采用扩充、浓缩等翻译手段灵活变通地翻译，这种多元化的翻译手段多用于翻译作品的核心内容。这种翻译方法适用范围受到一定的限制，针对性很强。

例如，我国一些大学的校训为了表达原文的内涵，就是用了变译的方法。

【例】清华大学的校训：自强不息，厚德载物。

［译文］The motto for Tsinghua University is "Self-Discipline and Social Commitment".

第四章　跨文化交际语境下英语翻译基本技巧教学

语言和文化是分不开的，这也就决定了翻译离不开文化。中国的文化是源远流长、博大精深的，西方文化也是历史悠久的。本章将针对跨文化交际语境下英语翻译基本技巧教学，重点从英语词汇的翻译技巧教学策略、英语句子的翻译技巧教学策略和英语语篇的翻译技巧教学策略进行讲解。

第一节　英语词汇的翻译技巧教学策略

在对英语词汇的翻译进行教学的过程中，教师可以采用如下教学策略：其一，帮助学生分析、比较中英词汇；其二，从不同角度出发，有针对性地指导学生完成词汇翻译；其三，将虚词作为重点，引导学生掌握相关翻译技巧。

一、知其然——分析比较中英词汇

众所周知，汉语属于汉藏语系，英语属于印欧语系，两者存在着巨大的差异。这些差异在词汇上也有所表现。分析、比较中英词汇是英语词汇翻译的重要教学策略，能够帮助学生夯实翻译基础，从源头处把握英语词汇翻译诀窍、掌握英语词汇翻译技巧。在分析比较中英词汇的教学过程中，教师应主要把握以下两方面。

（一）分析比较中英词汇的形态

中英词汇本身在形态上就有很大的差异。汉语在形态上属于孤立性语言，每个词由一个语素组成。英语虽然也属于孤立性语言，但是和汉语相比，整体更加偏向曲折性语言，英语词汇可以根据词语形态的变化产生意义和语法功能的变化，所以英语也可以称为"综合性语言"。在英语词汇中，词缀的使用很常见，派生词在英语中所占的比重很高。

第四章 跨文化交际语境下英语翻译基本技巧教学

英语这门语言是具有形态变化的，因此一个汉语词汇往往同时有多个不同形态或词性的英语单词与之相对应。教师可以在教学中以下列词语进行举例，方便学生更好地进行理解：

跳舞/舞蹈：dance（动词或名词），dancing（现在分词或动名词），to dance（不定式）。

英语词汇可以通过缀合法来构成不同的词类，但其根本意义不变。所谓"缀合法"，就是通过添加前缀、后缀而使词获得新的意义，成为新词。在英语中具有较强构词能力的词根有很多，而且构词的前缀和后缀也相当丰富，有时一个词根上还可以同时加上前缀和后缀，甚至加过第一层的前、后缀后还可以在这个词的基础上再加一层前、后缀，如 nation—national—international—internationalist 等。可以看出，英语词根就如同一个核心，加上不同的前缀或后缀，就如同蜘蛛网一样向周围扩大和延伸。

用缀合法组词的现象在汉语中也同样存在，但与英语相比，其词缀数量要少很多，而且是否加缀并不十分确定，可以保存，也可以删去，因此缀合法在汉语中的应用并没有英语那么广泛。例如，前缀"老"可以加到"虎"字前面，成为"老虎"；后缀"子"可以加到"狮"字后面，成为"狮子"。当要表示老虎啸、狮子吼的声音大而吓人时，可以说"虎啸""狮吼"，此时"老"和"子"就可以删掉。

可以看出，英语词汇的词形变化较多。因此，几个词根相同的英语单词可译为同一个汉语词汇。

【例1】Beauty is in the eye of the beholder.

［译文］美出自观者之心中。

【例2】She is very beautiful.

［译文］她很美。

【例3】She dances beautifully.

［译文］她舞姿很美。

相应的，在不同的语境中，一个汉语词汇往往可以翻译成同一词根不同词类的英语单词。

【例4】百闻不如一见。

［译文1］Seeing is believing.

［译文2］To see is to believe.

［译文3］I won't believe anything until I see it.

（二）分析比较中英词汇的语义

由于中英文语言存在较大的差异，因此在词汇系统中，中英文语义一一对应的现象几乎没有。英国语言学家利奇（Leech）把最广义的语言意义划分为7种不同的类型，即外延意义（即概念意义）、内涵意义、风格意义、情感意义、联想意义、搭配意义和主题意义。除了主题意义外，其他意义都与词义有着密切的联系。词汇的概念意义是词汇的基本意义，但并非唯一的意义。一般词典给出的意义都是词的概念意义，如"电脑""土地""花朵"在英语中分别为computer，earth，flower，而它们的其他意义则未能全面地反映出来。可以说，除了一些科技词汇之外，想要找到在意义和用法上完全对等的中英词语是非常难的。教师可在具体教学过程中，从以下方面帮助学生理解中英词汇的语义差异。

1. 词义特征各异

英汉词义有着各自独有的特征，下面我们就对此分别进行介绍。

（1）汉语词义特征

汉语词汇具有形象鲜明、表意准确、言简意赅和辨析精细的特点。每一个单独的汉字都有很强的搭配能力，并且拥有灵活的组词方式，一个词语的语义可以有多种，并且有强大的衍生能力，可以形成丰富的词义。这里用"生"字来进行举例说明。

"生"的基本词义就有很多。首先，"生"可以表示与人的一辈子相关的概念，如生育、生长、生命等；其次，"生"也有"学习者"的意思，如学生、招生；另外，"生"也可以表示"不熟"，如生字、生肉等；最后，"生"也可以用作副词，表示程度，如生怕，也可以作副词后缀，如好生。这些也只是基本的意义，由此延伸的词语更加丰富，如生还、生计、生病、实习生、生搬硬套、急中生智等。在这一系列词语中，"生"字又形成结构和形式上的差异，有时候能够一词多义，如"生气"这个词，既可以表示"不高兴"又能代表"有活力"。可见，汉语词汇在构词方式上是非常灵活的，在表意上是十分紧凑的。

（2）英语词义特征

英语词义最突出的特点是灵活多变，所以要想理解英语词汇的意思，往往还要结合上下文的逻辑和情境。如parent一词，在英文中可以指"父亲"，同时也可以指"母亲"。uncle的意思更多，既表示"伯父""叔父"，也表示"姑父""姨父""舅父"等。

另外，一词多义也是英语词义的另一个显著的特征。一词多义在各种语言中并不是罕见的现象，是相当普遍的，但这一现象在英语中表现得尤为突出。

教师可以以 story 为例来进行说明，以加强学生对英语词义特征的理解。story 一词的词义十分丰富，把它放在不同的语境下会产生不同的意思。

【例1】Oh，what a story！

［译文］哦，好个谎话。

【例2】It's another story now.

［译文］但这是另外一个问题。

2. 语义范围不同

在英汉语言中，相同概念的词语的语义范围往往是不相同的，拿汉语中的"打"字举例，"打"可以组成的词语有打人、打仗、打电话、打字、打酱油、打篮球、打工、打草惊蛇等，这么多的语义用英语中的 hit 或 beat 来表达显然是远远不够的，汉语中"打"字的语义范围要比英语中的 hit 和 beat 的语义范围宽广很多。

但是，也有不同情况，比如说，英语中的 kill 比汉语中"杀"的词义要广泛很多。

【例1】The September 11 Incident was a terrorist act that killed over a thousand people in a twinkle.

［译文］"9·11"事件是一次恐怖主义行径，转眼间夺去了一千多人的性命。

【例2】They killed the proposal.

［译文］他们断然拒绝这个建议。

可以看出，汉语中"杀"的语义范围比英语的 kill 范围要小，英语的 kill 不仅可以表示"杀"，也可以表示吸引人。

3. 内涵意义不同

在语言学中，一个词语除了有基本意义和外延意义之外，往往还有另外的内涵意义，这种内涵意义其实就是人们自己的一些联想意义。当然这种内涵意义是不能够单独存在的，必须伴随词语的外延意义而存在。内涵意义在中英文语言中往往也是不相同的。就拿中文的"菊花"举例，"菊花"在中国是高雅洒脱、坚贞高洁的代表，但是在西方国家，菊花却代表着"死亡"；荷花在中国是"出淤泥而不染"的代表，但是在西方国家却并没有这个意思。英语中很多词汇的内涵意义在中文中也没有体现，如 individualism（个人主义）。在西方国家，individualism 是一种社会学说，强调个人价值的重要性，但是在中国，"个人主义"并不是一种被认可的社会学说，而是一种带有贬义色彩的形容词，常用来形容某人自私自利，只以自我为中心，不顾集体利益和他人利益。这种差异的出现也是中西方的社会背景差异和价值观取向差异造成的。

4. 风格、情感意义不同

风格意义也叫文体意义。语言使用的社会环境会影响语言的风格意义，同时，语言的风格意义也会反映出语言所处社会环境的特征。这包括谈话人的身份、谈话人之间的关系以及谈论的话题。和不同关系的人交际会用不同的语言，不同的谈论话题也会影响语言的使用。在英文中，home，abode，residence和domicile都能表示"家"的意思，但是并不能随意使用，需要结合场合使用。home属于一般性的词汇，多用于日常交际；abode就比较书面化了，多用于诗歌；residence本身属于正式用语，所以在公告中使用；最后一个domicile是法律用语，只出现在法律文件资料中。

由于中西方的文化背景差异，无论是英语还是其他语言都会有一部分词汇代表一定的情感意义。在语言中使用这些词汇会表达出使用者的感情和态度。"龙"在中国文化中拥有特殊的地位和情感意义，是中华文化的代表，既表示"至高无上"的意义，也是"中华民族"的象征；但是英语中的dragon就没有这些意义了，在西方国家中，dragon反而是邪恶的化身。在英语中propaganda可以译为"宣传"，这个词在中文中是一种中性词，甚至也可以用来表示褒义的内容，但是在西方文化中，propaganda常被用来绑定宣传纳粹反动言论，是一个带有贬义色彩的词汇。

5. 联想、搭配意义不同

英语和汉语中有一些词汇本身并不具有特定的内涵，但却很容易使人产生联想，从而联想到另一件事物。例如，"干杯"一词以前常被译为bottom up，但现在bottom一词很容易使人联想到"臀部"，因此现在基本上都将"干杯"译为Cheers。

搭配，指词汇在同一语境中共同出现。一个词语与另一个词语进行搭配会产生搭配的意义。不同的词汇，其搭配的范围是不一样的，即使是同一个词汇，用不同的词汇与它搭配，也会产生不同的意义。汉语中"副"常常和表示职务的词汇搭配在一起，如副主席、副总理等；在英语中表示"副"的词汇有vice，deputy，associate，under，但是这些词语并不表示地位的区分。每个词分别与不同的词搭配，就会代表不同的意义。英语需要利用词汇搭配来表现地位、职责和其他方面的差异，而汉语只用一个"副"字就可以表现地位的差异。

二、知其所以然——从不同角度理解词义

在翻译领域，能够独立且自由运用的最小的语言单位是"词语"，词语也是语篇翻译的基本单位。词语的使用十分重要，如果不能很好地理解词的意思，只做到一知半解就很容易在翻译的时候出错，最终影响整个句子的翻译。

在翻译实践中，译者最先需要翻译的就是词语，这在英译汉中，或者汉译英中都是一样的。同时，在英汉的语言差异中，词汇的差异也是比较基本的问题，译者要先对词义进行辨析并选择译语的用词表达方式，这一环节十分重要，教师要在教学中重视起来。

具体到翻译教学中，教师要将"从不同角度理解词义"作为教学策略，让学生在翻译时，能够找到具体路径，合理、准确地完成英语词汇翻译。下面我们将对此进行具体阐述。

对词义理解产生影响的因素有多种，包括译者的语言修养、专业知识和文化背景知识。尤其对于翻译初学者，教师一定要引导其打好词语的基础，不能使其学得一知半解，更不能让其养成望文生义的坏习惯。教师要让学生在平时的练习中常备字典和相关的工具书，遇到常用的多义词要让其多查询并积累。

（一）从词的语法分析来理解词义

初学者要想更好地理解词语，就需要有良好的语法基础。教师要引导学生通过分析语法，掌握词语整体的含义。语法分析的关键就是对构词法、词性、涉指关系等进行分析。

1. 从词的构词法来分析

教师可以通过分析词的构成，帮助学生理解词的意思，并教会学生在翻译的时候如何选择词语。另外需要说明的是，名词的单复数形式不同，词义也可能会不同。

例如：

force 力量 / forces 军队
green 绿色 / greens 青菜，蔬菜

2. 根据词性判断词义

在英语的词语中，一个词语可以有不同的词性，词性也会影响词义。如果能够正确判断词语的词性，就能快速了解词义。比如，在"Workers can fish"这个短语中，可以先判断 can 与 fish 的词性，当 can 作助动词，fish 作动词的时候，

这句话的意思就可以翻译成"工人们能够捕鱼";但是当把 can 当作谓语动词,将 fish 看作名词的时候,就可以把这句话翻译成"工人们把鱼制成罐头食品"。

3. 从涉指关系来分析

涉指关系,指词在文章中与上下文的照应关系,这里多为人称照应、指示照应等。

人称照应包括人称代词的各种格式,代词 one,指示代词 such 和不定代词 some, any, each, both 等,以及一些限定词 much, many, few, little 等。

指示照应包括名词性指示词 this, that, these, those, 以及副词性指示词 here, there, now, then 等。

4. 从句子成分来分析

如果词语在句子中充当的成分发生变化,句子的意思也会发生变化,尤其是一些词语从形式上看,可以当作两种成分,这种情况就需要联系上下文和语境的情况再进行合适的成分选择,如果选择错误将会完全改变句子的意义。

(二)根据上下文和逻辑关系来确定词义

单看一个英语单词,通常没有办法明确到底用哪个词义,可以根据语法关系和与其他词语的指涉关系来理解词义,也就是说当词语处在某种特定的关系中时,词义的理解受到毗邻词语的影响,可以根据这种影响理解词义。上下文包括词的搭配、一般意义和专业意义、词的文化背景知识、上下文提示、逻辑关系等,根据上下文以及逻辑关系来确定词义是一种有效的方法。

【例】I will give you all the help within my power.

[译文] 我会尽力帮助你的。

这里的例句是我们生活中的常用句式,在这句中,power 根据全句的语境可以理解为"尽力"。

(三)根据词的搭配来理解词义

在前文中我们提到,不管是汉语还是英语,在长期的使用演变过程中,都形成了一些固定的词语搭配,但是对这些搭配并不是都可以直译的。英语和汉语搭配的差异因素有三点,包括使用范围不同、各自的引申意义不同、上下文搭配分工不同。教师要教导学生,在翻译时要时刻注意英汉词语搭配的不同问题。

首先，要注意定语和修饰语的搭配关系。例如，an open book 意为"一本打开的书"，an open question 意为"一个悬而未决的问题"。

其次，要注意搭配分工。例如，play chess 意为"下棋"，play football 意为"踢球"。

（四）注意词的语用色彩

词语的语用色彩包括词义的运用范围、轻重缓急、褒贬色彩等。不论哪种语言都有语体的划分，在翻译的时候，教师要教导学生，首先要理解原作作者的观点和政治立场，然后再选择合适的语言进行表达。

1. 词义的运用范围及其侧重点

在翻译的过程中，一定要深入挖掘词语的意思。如 country 表示国家的地理范畴，nation 是对处于共同的地域和政府管理下的全民的概括。如"看"这个动词，其中，look 的使用范围最广泛，强调"看"的动作；glance 形容"一瞥"；peep 代表"偷看，窥视"；gaze 表示"凝视，注视"；stare 表示"盯着看，目不转睛地看"；eye 表示"注视，察看"。

2. 词义的轻重缓急

表示"笑"的词语有很多，如 laugh 是指"大笑"，chuckle 是指"轻声地笑"，smile 是指"微笑"，guffaw 是指"放声大笑、狂笑"等。

当然表示"哭"的词也不少，如 weep 是指"哭泣"，teary 是指"含泪的"，sob 是指"呜咽"，cry 是指"大哭"等。

【例1】我们必须广泛利用现代科学技术的新成就。

［译文］We must utilize the results of modern science and technology on a wide scale.

［分析］"成就"翻译成 results，词义太轻了，不准确，可以翻译成 achievements。

3. 词义的褒贬和语体的感情色彩

词语在交际情境中使用的情况不同，感情色彩也就不同。作者使用一个词语会考虑这个词，是表示肯定意义的还是否定意义的，是表示尊敬的还是不屑的；用语方式是古朴的还是典雅的，是庄严的还是诙谐的。在英语中，词汇 ambition 既可以表示褒义，也可以表示贬义，如何选择词义就要看作者的使用态度了。

【例1】It is the height of my ambition to serve the country.

［译文］报效祖国是我最大的志向。

【例2】That politician is full of ambition.

［译文］那个政客野心勃勃。

如果要形容同一事物，同义词的各个词可以在不同的文体中使用，包括一般文体、正式文体和非正式文体，这也是影响词义的重要因素，教师要教导学生注意这一点。

三、把握重点——关注虚词翻译

实践中，很多学生都对虚词翻译感到头疼，因而教师要在英语词汇教学中采取重点关注虚词翻译的教学策略。下面，本书将对该部分教学内容进行详细阐述。

英语词汇分为实词和虚词。实词是指含有实际意义的词语。虚词没有具体概念。在英语中，虚词包括冠词（article）、代词（pronoun）、连接词（conjunctive）和介词（preposition）。因为虚词没有实际意义，所以教师需要引导学生，结合上下文的语境以及词语的搭配进行翻译。

（一）注意冠词的翻译

冠词在英语中一般只出现在名词之前，没有独立的意义，包括不定冠词a，an和定冠词the。不定冠词a，an和数词one出自同源，表示"一个"；定冠词the表示"这个"或者"那个"，和this和that是一样的意思，区别是the的指代意义比较弱。不定冠词和定冠词的区别就是一个是泛指，一个是特指。在汉语中，冠词不放在名词前面，因为汉语名词本身不像英语的名词带有泛指或者特指的含义。在翻译实践中要注意这一区别。

【例1】Pass me the salt.

［译文］把盐递给我。

【例2】Please give me some salt.

［译文］请给我点儿盐。

另外，虽然英语的专有名词、抽象名词、物质名词的前面不加冠词，但是要注意句子加不加冠词的意义的区别。

【例3】He took the advice immediately.

［译文］他立刻接受了这个意见。

在英汉翻译中，英语冠词的翻译一般涉及如下情况。

1. 强调冠词的省译

在英语中，不定冠词往往会放在文章前文中没有出现过的人或者物的前面，所以这部分是不可以省略不译的；相反，定冠词所接的名词一般在前文中会提到，可以省略翻译。

【例1】A man came out of the room.

［译文］一名男子从屋里走出来。

在汉语中，名词并不能代表所指的名词的单复数，所以如果要形容单复数就需要用数量词表示。上述例句中将 a man 翻译成"一名男子"，这说明这名男子是前文中没有提到的人，所以这里的不定冠词不可以省略，需要翻译出来。the room 表示大家都知道的房间，这里就可以直接省略了，当然，不定冠词也有可以省略的情况。

【例2】I haven't got a thing to wear.

［译文］我没有衣服可穿。

这里的不定冠词 a 被省略了，和前面的词组 haven't got 搭配，表示"没有衣服"。

2. 强调冠词的不可省译

教师要让学生明确，英语的冠词在一些情况下是必须翻译出来的。

【例1】He died on a Monday.

［译文］他是在一个星期一去世的。

说话人想要表达的是"他在某个星期一去世"，但并不是说随意一个星期一，只是因为说话人不确定死者的具体死亡时间，用一个 a Monday 来代替一种模糊的概念。如果将 a 省略了，句子的意思就变成了"他是在星期一去世的"，这和原句要表达的意义是不一样的。

【例2】The news made her all the sadder.

［译文］这消息让她更加悲伤。

定冠词 the 用在 all 与形容词比较级之间，表示"更加……"，在译文中，定冠词和搭配词的语义相融合。the news 在这里特指"她"听到的消息，可以翻译成"这"，含有强调的意思。

（二）注意代词的翻译

代词的作用就是代替名词，分为人称代词、物主代词、自身代词、相互代词、指示代词、疑问代词等。由于代词可以代替名词，因此可以作主语、宾语、表语等。英语和汉语的代词用法有的相同，有的不同。英语比汉语的代词种类更多一些，比如说，名词性代词（mine，his，hers 等）、关系代词（that，which 等）和连接代词（who，what，which）。英语和汉语的代词在使用频率和范围方面也不相同。相比汉语，英语更加喜欢使用代词，指代的关系也十分明确，汉语只有在代替一些重复性的人名或者称谓的时候使用代词，是为了理顺各种关系。由于汉语比英语使用代词的频率少，在英译汉的时候首先要弄明白代词所指代的关系，翻译出的汉语一般会减少代词的使用，这样符合汉语的行文习惯。

在进行代词翻译教学时，教师要向学生强调，为了让译文更加流畅自然，英汉翻译的时候可以将一些不影响读者理解的指代关系代词省略，甚至在英译汉的时候可以将代词还原为原本的指代名词，这样更容易被读者理解。

（三）注意连词的翻译

连词是在句子中起连接作用的词语，可以连接词、短语以及句子。英语的连词分为从属连词和并列连词。在从属连词之后可以连接从句，从属连词有 that 和 which 等；并列连词连接的是并列的词语、短句等，并列连词有 and，or，but 等。

汉语本身是一种意合性语言，所以经常省略连词，可以直接说"你""我""他"，中间不用加连词。英语和汉语不同，由于英语属于形合性语言，因此连词是不可以省略的，如"he，you and me"，连词 and 不可省略。

汉语讲话和行文的逻辑具有意合性的特点，只需要依靠句子的内在逻辑串联句子和短语，大多没有很明显的连词，整体的连接效果也很灵活多变，用汉语的话来说就是"一切尽在不言中"，这就是汉语连词的特征。英语和汉语是不同的，英语本身具有严谨的特点，连词作为虚词的一种，具有不可代替的语法功能。

教师要提醒学生，在翻译的时候一定要注意英语和汉语的连词使用的区别，注意形合和意合的区别。针对连词翻译的策略，可以采用省译、增补、转译等方法。

1. 强调连词的省译

在英译汉中，将连词省略，可以增强句子的意合性。

【例1】Do you want your coffee with or without sugar？

［译文］您的咖啡要不要加糖？

【例2】I can't come today or tomorrow.

［译文］我今明两天都不能来。

上述两句译文中，英语的连词 or 都省略了，表达的意思是"要不要"和"今明两天"。

2. 强调连词的增补和转译

虽然单纯的连词含义十分简单，但是要保证翻译过来的汉语符合行文规范和用语习惯，所以有时候不可避免地需要增补转译连词，教师要引导学生对原文进行深度挖掘，把握深层逻辑。

【例1】He went and lost my pen！

［译文］他居然把我的钢笔弄丢了！

上述原文中的 and 其实并没有特定含义，只是单纯地表达惊讶或者愤怒，所以在汉语译文中就可以直接省略了。

【例2】We got there nice and early.

［译文］我们早早就到了那里。

这句也是将英语中的 and 意合到整体的行文中，翻译成"早早就"。

（四）注意介词的翻译

介词在英语中的用法很多，每种介词起到的作用也不相同。介词按照结构划分可以分为简单介词，如 about 等；合成介词，如 inside 等；带"-ing"词尾的介词，如 barring 等；短语介词，如 according to 等。如果按照意思划分，又可以分为引导时间短语的介词，如 at, ill 等；地点短语的介词 in；引导其他短语的介词，如 with 等。介词虽然可以划分为多种类型，但是都不能独立使用，不能独立作为成分，只有和名词、代词等组成介词短语才能充当成分。

第二节　英语句子的翻译技巧教学策略

英语句子翻译技巧的教学策略并不复杂，教师主要应着眼于具体句式的翻译，进行全方位教学，让学生能在实践中顺利地完成翻译。下面，本书将就英语句子翻译技巧的教学策略，即教师应注重的句式教学，进行详细阐述。

一、着眼于特殊结构句的翻译教学

（一）引导学生妥善处理省略主语及宾语的句子

汉语在保证行文意思明确，行文通顺的前提下可以省略很多的内容，比如，省略各种代词和连词，甚至有时可以省略主语和宾语。在汉译英的时候要将隐藏的主语或者宾语补充上去，保证英语的行文逻辑准确。在翻译没有主语的汉语时，教师可以将以下几种方法传授给学生。

1. 补上人称代词作为主语

【例】加强思想政治工作，讲艰苦奋斗，都很必要，但只靠这些还是不够的。（《邓小平文选》）

［译文1］It is most essential to strengthen ideological and political work and stress the spirit of hard struggle, but counting just on these will not suffice.（《北京周报》）

［译文2］Although we have to strengthen ideological and political work and stress the need for hard struggle, we cannot depend on those measures alone.（外文出版社）

针对两个译文，第一个《北京周报》的译文将"只靠这些"翻译成 counting just on these，这个短语中的 counting 的使用并不十分恰当，不符合英语的规范。外文出版社的译文在这里加上了人称代词 we 更加符合逻辑，读起来也更顺畅。

2. 补上语义虚泛或具体的词语充当主语

【例】过去，只讲在社会主义条件下发展生产力，没有讲还要通过改革解放生产力，不完全。

［译文］In the past, we only stressed expansion of the productive forces under socialism without mentioning the need to liberate them through reform. That conception was incomplete.

汉语中省略"这",在翻译的时候可以将"这"补上,可以用 that 指代,但是为了让行文逻辑更加清晰,可以用 that conception 代替 that 使用,将省略的部分补充得更为具体。

3. 转为被动语态

【例】基本路线要管一百年,动摇不得。

[译文] The basic line should be adhered to for 100 years, with no vacillation.

如果上述例句要用在比较正式的书面用语中,可以使用被动语态进行翻译,但是如果使用在口语的文体中,就不适合使用被动语态了,可以使用人称代词充当主语,如"We should adhere to the basic line for a hundred years, with no vacillation"。

4. 将非主语成分转为主语

【例】自然而然地也能感觉到十分的秋意。

[译文1] And a sense of the fullness of autumn will come upon you unawares.

[译文2] And an intense feeling of autumn will of itself well up inside you.

从客观的角度进行翻译,这两句译文是将谓语动词翻译成主语。

5. 补上省略的宾语

在汉语中,动词后常常省略宾语,所以读者要自己根据行文逻辑推理出宾语是什么;英语则不同,在英语中,宾语不能省略,说"我接受"的时候不能说"I accept",而是要说"I accept it"。

(二)引导学生妥善处理省略句

为了更好地传达信息,语言应尽量简洁一些,尤其是在说话或者写作和翻译的时候,为了符合句法规范和一些修辞的使用规范,一些不必要的部分就可以省略掉,但是要保证不破坏整体的意思,这就是省略句。省略句在英语和汉语中都存在,并且形式也是多种多样,可以省略句子中的主谓宾语,也可以省略其他一些成分。在翻译实践中一定要分清省略的成分是什么,在译文中要有所体现,根据英语和汉语各自的行文习惯选择增加或者删减省略的部分。教师可以将以下几种翻译省略句的方法传授给学生。

1. 将原文中省略的部分,在译文中补出

在英语中,省略是很常见的,当句子中的一个或者多个成分没有必要出现的时候,就可以直接省略掉,如果句子的成分在前文中已经出现过一次了,在后

文也可以直接省略，避免重复。英语句子的很多成分都可以省略，包括主语、谓语、表语等，但是在翻译的时候要将这些成分补上。

【例1】The symbol for hydrogen is H; for oxygen, O; for nitrogen, N.
［译文］氢的符号是H；氧的符号是O；氮的符号是N。（增加主语）

【例2】Truth speaks too low, hypocrisy too loud.（省略谓语动词）
［译文］真理讲话声太低，虚伪嗓门太大。

2. 原文中省略的部分，译文继续省略

对于英语中的省略成分并不是在翻译成汉语时都需要进行补充，要根据译文的行文需求决定要不要增补。比如说，从句省略了与主语相同的成分，在译文中也可以省略原文的省略部分，这种情况在than引导的从句中比较常见。

【例】What if the sun is not shining? （What will happen if…）
［译文］如果没有太阳照耀，那怎么办？
这句话在翻译成英语时可以省略原文省略的部分。

（三）引导学生妥善处理倒装句

英语陈述句的正常语序是"主语+谓语动词+宾语（或表语）+状语"。在英语中，句子的词语顺序是可以变动的，如果某一个成分需要被强调，可以将被强调的成分提前，形成倒装句。倒装句大体可分为两大类，一种是结构性倒装，另一种是修辞性倒装。在教学过程中，教师可以从以下两方面引导学生对倒装句进行妥善处理。

1. 结构性倒装句的翻译

结构性倒装其实就是对语法结构进行倒装，包括疑问倒装，there be 结构倒装等，这些倒装句一般将there，here，then等副词放在句首。结构性倒装的译文大多采用的是正常语序。

【例1】Are you fond of country music?
［译文］你喜欢乡村音乐吗？

【例2】There is nothing on the table.
［译文］桌子上什么也没有。

2. 修辞性倒装句的翻译

修辞性倒装的使用主要出于加强语气的目的，或者出于对句子结构的考虑，避免头重脚轻的情况出现。修辞性倒装大体上也分为两种情况：一种是句首为表示地点的介词或介词短语、否定倒装句等；另一种是为了突出情景描写形成的倒装句，这种倒装句在翻译的时候，就比较自由，既可以使用正常语序，也可以继续使用倒装语序。

【例1】Tired as he was, my brother went on working.

［译文］虽然累了，我哥哥仍然坚持工作。（正常语序）

【例2】Most information we get from him.

［译文］大部分消息我们是从他那里得来的。（倒装语序）

（四）引导学生妥善处理分词短语和分词独立结构

分词短语分为现在分词短语和过去分词短语两种。针对分词短语，直接按照其在英文句子中的成分翻译成相应的汉语成分就可以了，比较简单，但是当分词短语作状语的时候就相对来说复杂一些。分词短语作状语的时候，其表达的逻辑关系十分丰富，可以表示时间、原因、方式等多种逻辑关系。

在教学过程中，教师要引导学生注意，在翻译的时候一定要将分词短语与谓语动词的逻辑关系厘清，在译文中要对其补充。

【例1】Not knowing the language, he didn't know how to ask the way.

［译文］他因为不懂语言，不知道怎样问路。（表原因）

【例2】The hunter fired, killing a fox.

［译文］猎人开枪打死了一只狐狸。（表结果）

【例3】Shouting loudly, the children ran to the zoo.

［译文］孩子们大声喊叫着朝公园跑去。（表伴随）

分词短语作状语并且带有逻辑主语就形成了独立结构。独立结构有表示时间、原因等功能，翻译这种句子时首先要分清独立结构的关系，译文中也要补充体现逻辑关系的词语。

【例4】Weather permitting, we will have the match.

［译文］如果天气允许，我们就举行比赛。（表条件）

（五）引导学生妥善处理并列结构句

在汉语中，并列结构出现较多。英语的动词形态变化多样，在汉译英过程中，词性转换的情况十分常见。在英译汉的时候，并列结构可以转化为不并列的结构，但是这样的结构无法体现汉语的美感。所以教师要引导学生注意，在翻译的时候要尽量保留平衡和一致的结构。当形态不一致的时候，可以对词语的词性和词形适当地进行改变。

汉语也会出现随意的句型，此时进行翻译就要根据汉语句子语义来调整词语的顺序。具体到教学中，教师应将以下翻译方法传授给学生。

1. 把汉语并列结构译成英语并列结构

【例】现在，我们发展社会主义市场经济，与马克思主义创始人当时所面对和研究的情况有很大不同。

［译文］At present, we are putting in place a socialist market economy. But the conditions we are faced with are quite different from those the founders of Marxism faced and studied.

用主动的 face，在和 study 产生并列结构的同时，也能避免与之前的内容重复。

2. 把汉语非并列结构改成英语并列结构

【例】鼓励、支持和规范社会力量办学、中外合作办学。

［译文］The government will encourage, support and standardize school management by non-governmental sectors or by Chinese-foreign cooperation.

在这里"社会力量"属于具体名词，"中外合作"属于抽象名词，如果把这句翻译成 by non-governmental sectors or by Chinese-foreign cooperation，语言的平衡感就消失了，需要将 cooperation 换成 undertakings，这样才更合适。

（六）引导学生妥善处理被动句

语态一般分为主动语态和被动语态两种，其目的是表示主语和谓语的关系。主动语态和被动语态虽然在形式和角度上不一样，但是两者表达的意思是一样的。两者的本质差别是，主动语态强调动作，主语是动词的动作执行者，被动语态主要是为了呈现出一种被动状态。

语言的自身特点会影响对于句子的主动形式和被动形式的选择，并造成这两者之间的差异，同时两者的差异也和文化和思维方式相关。中国的传统文化强调"天人合一"，从传统的哲学观点上来看，我们更加强调思维的整体性。在万物和谐统一的关系中，人占主导作用，这凸显了人的主体意识。就是我们认为所有行为和动作的完成者一定是"人"，这些动作只有人才能完成，这也造成了汉语多使用主动句的特点。但是西方文化不同，西方强调物我分明，主体和客体是相互对立的存在，所以在英语中，客体意识就要强调"物"，主体意识其实指的就是将人放在主位。在主动句和被动句的使用中，强调"人"作为动作的执行者时用主动句，强调"物"是动作的执行者时用被动句。

在具体教学中，教师要将以下下翻译方法传授给学生。

1. 英语被动句的翻译

（1）译为汉语带形式标志的被动句

在英语中，如果要强调不愉快的事，并且句子中表明了实施这件事的主体，翻译成汉语就可以用被动句式，加上"被""给""让""叫"等词语，由此引出动作的执行者。

【例】A young man was shot yesterday by a man in a stocking mask.

［译文］一位年轻男子昨天被一蒙面男子枪杀了。

（2）借助汉语的词汇手段来表示英语的被动句

【例】Poets are born, but orators are made.

［译文］诗人是天生的，而演说家则是后天造就的。

（3）译为汉语的意义被动句

意义被动句从形式上看是一种主动句，但是如果从逻辑上进行分析却会发现这是一种被动句。意义被动句的出现频率，在汉语中要比英语中多，所以在翻译的时候可以将英语的被动句翻译成汉语的意义被动句。

【例】His pride must be pinched.

［译文］他这股傲气应该打下去。

（4）将状语译为主语、将原主语译为宾语的被动句

by 作为介词出现在被动句中并引出状语，状语可以翻译成汉语中的主语成分，原文中的主语就变成了宾语。

【例】The result of the invention of the steam engine was that human power was replaced by mechanical power.

［译文］蒸汽机发明的结果是，机械力代替了人力。

（5）译为汉语的泛指人称句

"人家""别人""有人"等泛称主语在翻译中经常使用，英语的被动句可以使用泛指人称。

【例】They were seen repairing the machine.

［译文］有人看见他们在修理机器。

2. 汉语句子向英语被动句的转换

（1）将一些表示情感变化的主动句译为英语的被动句

一些由客观环境造成的情感和处境的变化在汉语中多用作主动形式，但英

语和汉语正好相反，在这种情况下，在英语中一般使用的是被动语态。

【例】知识分子的问题就是在这样的基础上提出来的。

［译文］On such a basis has the question of the intellectuals been raised.

（2）将一些汉语中的话题评说句译为英语的被动句

针对一些话题评说类的句子，因为被评说的话题属于受体，所以翻译成英语时就要使用被动句。

【例】国际争端应在此基础上予以解决，而不诉诸武力。

［译文］International disputes should be settled on this basis, without resorting to the use of or threat of force.

（3）将一些汉语中的意义被动句译为英语的被动句

【例】这酒口感不错，与价格相称。

［译文］This wine drinks well for its price.

二、着眼于重点英语从句的翻译教学

在英语翻译技巧教学策略中，很重要的一项就是注重重点定语从句的翻译技巧教学，教师要对定语从句、名词性从句、状语从句等翻译教学予以高度重视，这对学生掌握翻译技巧、提升翻译能力大有裨益。

（一）着眼于定语从句的翻译

教师要重点就以下翻译技巧对学生进行传授，提升学生翻译句子，特别是长难句的能力。

1. 教授学生如何翻译限制性定语从句

英语中的限制性定语从句与先行词之间存在着十分紧密的联系，定语从句在一定程度上限制着所要进行修饰的先行词。限制性定语从句后不需要加逗号或其他标点符号。在对这类句子进行翻译时，教师可以引导学生根据实际情况采取以下策略。

（1）前置法

英语翻译中的前置法，就是通过相应的翻译手段把限制性定语从句转化成带"有"的定语词组，并将这个词组放在被修饰词语的前面，从而实现将英语复合句翻译转化成汉语单句的目的。这种方法一般用来翻译稍微简单一点的定语从句。

（2）后置法

在英语中，当一个定语从句的结构十分烦琐时，如果通过相应的翻译手段，将其翻译成汉语前置定语，则会显得句式太长，给人冗杂感，并且跟表达习惯不相符。针对这种情况，教师要引导学生将这个定语从句按照一定的逻辑转换成后置的并列分句。一方面，可以通过转换成并列分句，省去英语的先行词；另一方面，可以通过转换成并列分句，重复英语先行词。

（3）融合法

所谓融合法，是指通过合理的手段，将原来句子中的主句和定语从句进行关联、结合，将它们一起转换成一个独立的句子，这是一种具有新意且行之有效的翻译技巧。

2. 教授学生如何翻译非限制性定语从句

在英语中，凡是非限制性定语从句，一般不起到限制先行词的作用，而是对先行词进行描述或者解释。对于这样的英语从句，在翻译的过程中，教师可以引导学生采取以下策略。

（1）前置法

有一些非限制性定语从句，它们句式不长，并且有一定的描写性，在翻译这类句子时就可以采取前置法，也就是把它翻译成带有"的"字的定语，并放在被修饰词之前。

（2）后置法

对于后置法，教师可以教授学生两种翻译手段：第一，在翻译的过程中可以将其转化成并列分句；第二，在翻译的过程中可以将其转化成独立的分句。

3. 教授学生如何翻译兼有状语功能的定语从句

在英语中，有一些特殊的定语从句，它们还具有状语从句的功能。在将这类句子翻译成汉语的时候，教师要引导学生充分理解原文，找出其中的逻辑关系，而后利用恰当的翻译方法，将其转换成汉语中与其相对应的偏正复合句。

（二）着眼于名词性从句的翻译

1. 教授学生如何翻译主语从句

在英语中，有一些主语从句是由 what，whatever，whoever 等代词引导的，在对此类句子进行翻译时，教师要引导学生依据原来文本的顺序进行翻译。英语中有一些从句是以 what 引导的名词性关系从句，对于这类句子，教师可以引导学生利用恰当的翻译方法，将其译成汉语中的"的"字结构。

【例】Who ever did this job must be rewarded.

［译文］无论是谁做了这个工作，一定要得到酬谢。

2. 教授学生如何翻译宾语从句

在英语中，有一些宾语从句是以 what，that，how 来引导的，针对这类句子，教师要提醒学生注意，在将它们翻译成汉语的时候，一般情况下不去调整或变动它在原来文本中的位置。

【例】Can you hear what I say？

［译文］你能听到我所讲的话吗？

3. 教授学生如何翻译表语从句

表语从句与宾语从句的情形十分相像，教师要提醒学生注意，通常情况下，英语中的表语从句，也可以完全按照原来文本的顺序翻译成汉语。

【例】This is what he is eager to do.

［译文］这就是他所渴望做的事情。

4. 教授学生如何翻译同位语从句

通常来讲，英语中的同位语所发挥的功能，就是对代词或者名词展开进一步的说明。在英语中无论是单词，还是短语，或从句，都可以被当作同位语。在对这类句子进行翻译的过程中，对于同位语的顺序，实际上并没有过多的要求。在翻译时，教师要提醒学生注意，通常情况下，可以保留同位语在从句中的顺序，也可以根据实际情况和需要，将从句放在句子的前面。

【例】He expressed the hope that he would come over to visit China again.

［译文］他表示希望再到中国来访问。

除了以上这种形式之外，在翻译这类句子的过程中，教师要提醒学生，可以根据句子的实际意义适当地增加"即"或者"以为"，也可以充分发挥标点符号的作用，即利用破折号、冒号等具有说明意义的标点，来达到将同位语从句和主句分离的目的。

（三）着眼于状语从句的翻译

1. 教授学生如何翻译时间状语从句

在英语从句翻译的研究中，时间状语的翻译需要引起教师格外关注。下面将以常见的并且具有一定复杂性的词语 when 为例进行分析。在翻译 when 引导的时间状语从句的过程中，教师要引导学生打开思维，不能局限于一种表现时间的翻译方法，而是要根据实际情况和需求，巧妙地运用不同的翻译手段。具体的翻译方法见以下范例。

（1）翻译成含有"每当……""每逢……"结构的句子

【例】When you look at the moon, you may have many questions to ask.

［译文］每当你望着月球时，就会有许多问题要问。

（2）翻译成并列句

【例】He shouted when he ran.

［译文］他一边跑，一边喊。

（3）翻译成含有"刚……就……""一……就……"结构的句子

【例】Hardly had we arrived when it began to rain.

［译文］我们一到就下雨了。

2. 教授学生如何翻译让步状语从句

英语中，让步状语从句的翻译也需得到教师的重视，根据让步状语从句的特点，以及它在句子中的作用，教师可以教授学生采取以下方法对让步状语从句进行翻译。

（1）将英语让步状语从句翻译成汉语中表达"无条件"的状语分句

【例】No matter what misfortune befell him, he always squared his shoulder and said: "Never mind. I'll work harder."

［译文］不管他遭受到什么不幸的事儿，他总是把胸一挺，说："没关系，我再加把劲儿。"

（2）将英语让步状语从句翻译成汉语中表示"让步"的状语分句

【例】While this is true of some, it is not true of all.

［译文］虽有一部分是如此，但不见得全部是如此。

3. 教授学生如何翻译条件状语从句

在英语中，条件状语从句比较常见，并且在翻译的过程中有一定的难度。在翻译条件状语从句时，教师可以让学生学习以下例句中使用的方法。

（1）翻译成表示"条件"的状语分句

【例】If you tell me about it, then I shall be able to decide.

［译文］如果你告诉我实情，那么我就能做出决定。

（2）翻译成表达"补充说明"的状语分句

【例】He is dead on the job. Last night if you want to know.

［译文］他是在干活时死的，就是昨晚的事，如果你想知道的话。

4.教授学生如何翻译目的状语从句

在英语中，目的状语从句有其特殊性，也有其特殊的功能，在翻译过程中，教师可以引导学生根据句子的实际意义采取相应的翻译手段和技巧。

（1）翻译成表示"目的"的前置状语分句

【例】We should start early so that we might get there before noon.

［译文］为了在正午以前赶到那里，我们应该尽早动身。

（2）翻译成表示"目的"的后置状语分句

【例】He told us to keep quiet so that we might not disturb others.

［译文］他叫我们保持安静，以免打扰别人。

5.教授学生如何翻译原因状语从句

在英语中，原因状语从句也是十分常见的，并且在翻译的过程中很容易产生歧义。因此，在将英语原因状语从句翻译成汉语时，教师可以引导学生采取以下例句提供的思路。

（1）翻译成因果偏正句的主句

【例】Because he was convinced of the accuracy of this fact, he stuck to his opinion.

［译文］他深信这件事正确可靠，因此坚持己见。

（2）翻译成表达原因的分句

【例】The crops failed because the season was dry.

［译文］因为气候干旱，农作物歉收。

三、着眼于英语长难句的翻译教学

在英语学习以及英语翻译的过程中，我们可以发现，英语句子的修饰成分十分烦琐复杂，而导致这一特征的主要原因，就是介词、连词、冠词等功能性词的作用，以及谓语动词和非谓语动词等结构形式的存在，而更让人感到复杂的是，英语句子中的这些修饰成分，还可以一个个地套在一起使用，再加上英语和汉语在语序、句子逻辑等方面存在差异，定语和状语等修饰语的位置存在差异等，这些因素综合起来，导致英语的句子结构十分复杂，而且长句较多。对于刚开始接触和学习英语翻译的人来说，英语中的长句确实是给人一种眼花缭乱的感觉，让人摸不着头脑，并且使人对于长句产生畏惧心理，以致在翻译的过程中根本找不到切入点，不知从哪里入手才好。但事实上，只要学习方法得当，在翻译过程中采取有效策略，那么长句翻译这个难题就可以迎刃而解。

因此，在英语句子翻译技巧教学策略中，非常关键的一点就是着眼于英语长难句的翻译，应针对这点对学生进行全面而深入的教学。

要想顺利、准确地翻译英语长句，教师要让学生特别注意一点，那就是理解和分析，这是长句翻译的基础。通常情况下，教师可以引导学生采取以下步骤分析和理解长难句。

第一，先对语法进行分析，然后判断这个长句是属于复合句、并列句，还是简单句。第二，对句子的结构和成分进行分析。如果是复合句，就找出从属连接词，分清主句和从句，然后对于主句和从句各自的结构成分展开分析；如果是并列句，就要找到连接句子的并列连词，然后再对每个句子的结构成分展开分析；如果是简单句，那么接下来就要找到句子的主干部分、定语和状语。像这样通过层层分析，就能够实现将长句转化为简单句的目的，接下来在将其翻译成汉语的过程中，通过恰当的技巧和方法，用符合汉语表达习惯的语言将长句完整、准确地表达出来。但是，在表达的过程中，教师要引导学生关注英语和汉语这两种语言的差异，要尝试采取不同的翻译手段进行翻译，对原来文本的结构进行灵活且得当的处理。

（一）引导学生掌握英语长句的翻译技巧

长句的翻译是英语翻译的一大难点，在翻译过程中，教师可以引导学生根据实际情况采取以下方法。

1. 顺译法

英语长句所表达内容的排列顺序是不同的，有一些长句的内容是以事件发生的时间顺序来排列的，也有的是按照事物内在逻辑关系来排列的，从这一点上来看，英语和汉语存在共同点。所以，对于这类长句，在翻译的过程中，教师要提醒学生，只需按照原来句子的顺序进行翻译就可以了，这就是所谓的顺译。

2. 逆译法

英语和汉语是在两种不同文化背景下产生和发展的，所以它们二者之间存在很多差别。从表达习惯方面来说，有一些英语句子十分特殊，它们的表达重心跟汉语差异明显，甚至完全相反。这一点在一些英语复合句中表现得尤为明显，在这些复合句中，主句通常被放在句子的最前面，也就是重心在前。但是我们所熟悉的汉语却不同，汉语一般遵循时间和逻辑顺序，把句子中最主要的部分放在末尾，也就是重心在后。对于这类句子，教师可以引导学生采取逆译法进行翻译，也就是从句子的后面开始，向前翻译。

3. 分译法

从句子的结构方面来说，英语和汉语有一个十分重要的区别，就是英语句子注重形合，而汉语句子注重意合。在学习英语和翻译英语的过程中我们可以发现，英语句子存在这样一个特点，那就是句子中各种成分的前后都可能存在各种修饰语，主句和从句以连接词连接，从句和从句可以相互嵌套，同样，短语和短语之间也可以相互嵌套，这种特征造就了英语句子冗长的特点，并且凸显了英语句子的复杂性。而汉语则完全不同，汉语造句以意合为主，基本上很少使用连接成分，都是按照时间或者逻辑顺序来阐述内容。汉语的这种表达特征就使得汉语语段结构较松散，语义的层次十分明显，紧缩句、省略句、散句、松句和流水句较多，而长句很少。因此，在将英语翻译成汉语的过程中，教师要引导学生尽可能地遵循意合的原则，对原来文本中的句子结构进行适当的调整，如将长句转换成并列的短句，或者翻译成分离的单句，总而言之就是争取将冗长、烦琐的句子转化成简单的句子，从而符合汉语的表达习惯，即掌握所谓的分译法。

在英语翻译中，分译法的使用相对来说比较广泛，它可以用来翻译单个的单词和短语，也可以用来翻译简单的句子，还可以用来翻译复杂的长句。

【例1】The ancients tried unsuccessfully to explain how a rainbow is formed.

［译文］古代人曾试图说明彩虹是怎样形成的，但没有成功。（单词分译）

【例2】Bad weather prevented us from starting.

［译文］天气太坏，我们无法动身。（短语分译）

4. 综合法

在有了一定的英语阅读经验之后我们可以发现，从表达习惯方面来讲，英语语言有一个特点，那就是习惯将重点部分或者概括部分放在句首，然后再对叙述的次要部分展开分析和说明；而汉语则与此不同，从表达习惯这个角度来看，汉语基本上是遵循从小到大的规律，依照时间或逻辑顺序来进行推进，总是在最后说明结论、阐释主题。因此，在英汉翻译的过程中，合理地运用之前所分析的几种策略确实可以达到很好的效果，而且可以解决翻译过程中的很多问题。事实上，英语中长句的数量不少，如果单纯地使用顺译法、逆译法或者分译法，有一些翻译中的问题是无法避免或解决的。

在将英语长句翻译成汉语的时候，教师要引导学生根据实际情况和读者的需求，充分考虑上下文，综合运用这几种方法对英语长句进行分析和梳理，做到主次分明，这就是所谓的综合法。在英语翻译的过程中灵活运用综合法，可以有效改变长句的语序，使翻译后的句子读起来更加通顺，且意义更加明确，使其更加符合汉语的表达习惯。

（二）引导学生掌握汉语长句的翻译技巧

跟英语相比，汉语语言有一特殊之处，汉语句子的表达以意尽为界，并不被语法形式所局限，只要句子的叙述没有结束，那么句子就能够一直延续下去。为了使表意明确，句子中间会用逗号隔开，如此一来，句子就显得比较长了。但是，英语句子不能这样组织，因为英语句子是"主语+谓语"这样的结构。在一个句子中，无论对主语的说明是否结束，只要其中兼有主语和谓语，那么这个句子就可以断掉。所以，在将汉语长句翻译成英语时，必须认真且严谨地分析句子的结构，然后充分考虑英语的行文特点和表达习惯，选择合适的翻译策略。通常情况下，汉语长句的翻译多采用顺译、断句和合句这几种翻译方法，教师要注意让学生对其进行熟练掌握。

1. 顺译法

相对来讲，顺译法比较简单，顾名思义，顺译就是当英汉两种语言的表述层次大致相同时，就可以保持原来句子的顺序，直接进行翻译，但在必要之处，需加上合适的连词。

2. 断句法

在汉语长句的翻译中，断句法的使用频率较高。不难发现，汉语的很多长句都属于复句，复句的特点就是结构复杂，包含层次多，所以在对其进行翻译的时候，教师要提醒学生，必须根据句子之间的逻辑关系，对句子进行拆分，将一个句子当成几个分句进行翻译。这样做的好处有两个，一是保证译文结构利落不拖沓，二是能够提升译文表达的准确性，使得译文更加符合英语的表达习惯。

3. 合句法

由于汉语没有足够的关系词，并且缺少形态上的变化，只能依照时间顺序和逻辑顺序来进行组句。英语与此不同，形象地来说，英语句子的结构是叠床架屋式的，如果按照汉语的结构采取直译法，那么最后翻译出来的就是一个个简单的独立句子，很难在这些句子之间建立联系，这明显跟英语句子的结构特征不相符合。

在对汉语进行翻译的时候，教师要引导学生将几个句子联合起来，先明确其意图表达的含义，然后从意思上展开分析，根据英语句子结构灵活多变的特点，将那些具有一定逻辑关系的句子合起来处理，通过有效的翻译方法，将其凝练成比较精简的英语句子。当遇到一些比较复杂的汉语句子时，学生很难对其进行直译或破句，那么就可以采用合句的手段。

第三节 英语语篇的翻译技巧教学策略

在英语语篇的翻译技巧教学过程中，教师应当采取如下策略：其一，分析英语语篇的特点，让学生对英语语篇有全面了解，为之后学习翻译技巧做准备；其二，找准英语语篇翻译的关键问题，将重点放在语篇翻译的衔接与连贯上，这对学生提升语篇翻译能力是至关重要的。

一、分析英汉语篇的特点

（一）分析英汉语篇的共同点

无论是英语还是汉语，自然语言的语篇都存在以下特点。

1. 语义的连贯性

凡是具有完整语义的语篇，必须符合语法要求，必须是一个语义单位，并且语义要连贯。此外，具有完整语义的语篇必须有一个逻辑结构，句子之间要有逻辑关系。另外，语篇中的各个成分应该具有连贯性。

【例1】A：今天你上街去干什么？ B：我上街去买衣服。

【例2】A：今天你上街去干什么？ B：他父亲是个医生。

【例3】Fishing is Mark's favorite sport. She often waits for her sister for hours. But this is not my watch.

【例4】Fishing is Mark's favorite sport. He often fishes for hours without catching anything. But this does not worry him.

教师可以向学生分析上述例子。首先分析例1，其中有一个问句、一个答句，很显然，这二者从语义上来看是连贯的，因此这个例句具有语篇的特征；再分析例2，其中也是有一个问句、一个答句，但是这二者之间并不存在连贯性，也就是说所答非所问，因此该例句不具备语篇特征，不属于语篇的范畴；接着分析例3，它是三个分句组成的，虽然它们的语法没有问题，但是几个句子之间并没有逻辑的关系，语义不存在连贯性，不能够形成表达一定意义的整体，因此也不算是语篇；最后分析例4，这三个句子衔接连贯，因此构成语篇。

2. 衔接手段相同

用语法和词汇将语句组合在一起的手段可以统称为衔接，这是语篇所呈现的最明显的语言现象。从语篇生成过程这个角度来说，衔接是将句子组合成语篇的必要手段。无论是英语还是汉语，要想保证语义连贯，必须借助各种衔接手段来组织语篇。

3. 显性连贯和隐性连贯

所谓显性，就是一望而知、不言而喻的，显性连贯体现在词汇、语法、结构等语言表层形式上；而隐性与显性相反，隐性连贯是匿伏的、含蓄的，是蕴含于语境和语用因素中的连贯。衔接和连贯联系密切，可以说，衔接是连贯的外在表现，而连贯则是衔接的目的。在显性连贯的情况下，二者是统一的，但是在隐性连贯的条件下，二者是不统一的。对于一个英语文本来说，如果其中仅有衔接，没有连贯，那么这就不属于语篇；如果有连贯，但是无衔接，那么这属于隐性连贯，可以称之为语篇。以上所说的这种情况并不是英语独有的，在汉语中也存在，从这一点来讲，汉语和英语并非彼此对应，英语在翻译成汉语之后，原有的显性连贯可能就转变成隐性连贯，或者汉语在翻译成英语后，原有的隐性连贯就转变成了显性连贯。

4. 文体的多样性

自然语言是丰富多彩的，有着各种各样的差别。综合来看，这些差别可以归纳为文体、体裁、语体和风格的不同，它包括不同时代背景下文风的差异，小说、诗歌、散文等体裁的划分，以及正式与非正式、口头与书面语体的分别。在英语和汉语中，都存在不同风格的文体，它们的划分也基本一样，每一种分类都能在另一种语言中找到对应的形式。

（二）明确英汉语篇的基本差异

经过大量的阅读和英汉翻译实践，我们可以发现英语语篇和汉语语篇的差异，一是体现在外在的衔接与连贯上，二是体现在内在思维上。通常来讲，英汉语篇差异的决定性因素是思维层面上的差异。

首先，英语语篇呈现直线形的特征，而汉语语篇呈现螺旋式的特征，从根本上来说，这是中西方各自重综合与重分析的思维习惯的体现。所谓语篇的直线形特征，就是指该语篇先呈现中心思想，然后围绕中心思想展开论述。汉语的螺旋式特征是以"起承转合"为典型的结构，也就是在一个语篇中，先阐明主题的重要性，然后再回归主题，并反复强调主题。所以，汉语语篇的一个最明显特征就是词语和结构的复现与叠加。

其次，从语言构思方式和语言组织这两个方面来说，汉语表现出的特征是意合，而英语表现出的特征是形合，这二者本质上的区别就是语篇连贯显隐性的不同。汉语中所表现出的意合，是指不依托于某种衔接手段，仅凭词语和句子的内涵意义，或者依托各种语境而构造连贯的语篇。英语中所表现的形合是指，在英语语篇中，必须含有体现词汇语法的显性衔接，也就是从语言形式的层面上，将词语和句子结合成语篇。所以，在英语和汉语互译的过程中，时常遇见显隐连贯不一致的情况。

最后，思维上所具有的客体意识和主体意识的差别，也是英语语篇和汉语语篇之间差异的一种体现。中国人受传统文化和传统哲学观念的影响，一向追求"天人合一"以及"万物皆备于我"的境界，所以对于这世界上的很多事物，中国人都有着一种十分强烈的主体参与意识，这一点在语言中的表现就是，很多句子以"人"为主语。西方一些国家则不同，相较而言，他们更加重视个体思维，推崇理性地分析事物，并刻意区分主体和客体。中西方这种思维上的差异，造成了英语和汉语语篇在主体或重心方面的差异。

二、找准语篇翻译的关键问题

（一）注重语篇翻译中的衔接问题

1. 英汉语言语法的衔接

所谓语法衔接，就是指利用构造句子的语法手段，实现语篇的衔接和连贯。

（1）英汉语言语法衔接的差异

①显性连贯，是英语语法衔接的一个最明显特征。汉语则不同，汉语一般体现的是隐性连贯。在英语语篇中，显性连贯主要依赖于形态的变化和形式词的使用，可以较为明显地呈现词语之间、短语之间和句子之间的语法关系。英语有形态方面的变化，而汉语基本没有。在英语中，作为衔接手段的形式词有很多，而且有着较高的使用频率。其中，关系词、冠词、连词和介词是比较重要的衔接手段形式词。汉语则不同，汉语造句重视隐性连贯，基本上不使用形式和手段，

单纯地依赖词语和句子本身意义上的连贯来达到衔接的目的。

形态变化包括名词的单复数、谓语动词的时态以及语态、代词、冠词、介词、连接词、一致关系。

②从语法衔接手段上来说，英语和汉语这两种语言存在共性，那就是都使用语法衔接手段，但是它们各自采取的具体方式是不一样的。我们已经知道，英语和汉语的语篇在语法衔接方式上存在差别，所以在英汉翻译的过程中，教师要引导学生根据实际情况和翻译需求，对语法衔接方式进行合理转换。

（2）英汉语篇语法衔接的转换

①从时态形式上分析。英语的时态可以作为语篇衔接的语法手段。

【例】Roger has finished the thesis. Caroline arrived from New York.

［译文］罗杰完成了论文。因为卡罗琳从纽约来到了他身边。

②从替代关系上分析。所谓替代，就是指具有同等语义的词之间的互相代替，主要包括动词替代、名词替代、分句替代。替代在英语和汉语中都存在，并且它们之间往往互相对应，但是在碰到互不对应、难以照译的情况时，就要采取其他衔接或者连贯手段。

【例】A：I'll have a cup of black coffee with sugar, please.

　　　B：Give me the same, please.

［译文］A：劳驾，我要一杯加糖的清咖啡。

　　　B：请给我也来一杯。（试比较：请给我也来同样的。）

③从省略关系上来分析。所谓省略，就是省去某个词语，从而使上下文连贯衔接。在对语篇进行分析的过程中可发现，省略一般被划分为三个类别，即分句性省略、名词性省略和动词性省略。这三类省略存在一个共同点，那就是都是为了满足语法结构的需要。在英汉语篇衔接中，最常见、使用频率最高的就是语法结构上的省略。对于某个词语倘若不能准确地翻译，一般就以重复或替代目的语的方式来解决这一问题。

在汉语翻译成英语的过程中，要格外注意的省略现象是汉语零位主语。零位主语这一现象在汉语中并不罕见，跟英语中的省略并非完全一样。这主要是因为在汉语语言中，主语并不突出，汉语主要是根据主题来进行组词成句的。所以，在有些情况下，汉语中的主语不需要被呈现，读者在阅读之后便能够理解其含义。

针对这种情况，教师要提醒学生，在将汉语翻译成英语时，要将主语填补上。

2. 英汉语言词汇的衔接

所谓词汇衔接，就是指语篇中出现的一些词汇在语义上存在联系或者重复关系，词汇衔接是利用词语来达到语篇衔接的一种手段，包括语义重复再现和各种指称关系的照应。其中语义重复包括具有因果关系、修饰作用等关系词的同时出现，完全相同的语义词汇的直接重复，以及具有各种语义关系的词的同时出现。指称照应涉及人、物、事、时间、地点等多方面，它是为了实现语篇上下文照应而构建的一个照应性的系统，也就是意义完整、有机统一的语篇。

从词汇衔接手段方面来说，英语语篇和汉语语篇几乎完全相同，并且基本上都能互相对照翻译，特别是在语义重复时，但毕竟两种语言是在不同文化环境下产生的，所以在词汇衔接手段上，两者还是有不一致的地方，特别是在指称照应方面的差异更多一些。

3. 英汉语言的逻辑衔接

逻辑衔接也有显性和隐性之分。在英语语篇中，显性逻辑衔接指的是，通过使用 then, and, for, but 等比较明显的连接词来实现的衔接。隐性逻辑衔接则不同，它并没有使用这些明显具有连接意义的词，而是依托于语用、语境等元素，来实现语篇衔接。将英语和汉语进行对比可以发现，大体上来说，二者的逻辑关系是相通的，无非是时空、因果和转折等基本的逻辑关系。但是，英语和汉语毕竟产生的环境不同，历史文化背景不同，所以在逻辑关系上面，二者也存在差异。比如，英语的时空关系，在转换成汉语时，经常要翻译成因果关系；反之，汉语中的因果关系，在转换成英语时，经常要翻译成时空关系。

总而言之，英语和汉语这两种语言在连接语方面存在差异，而且在逻辑关系上又有显性和隐性之分，所以在英汉翻译过程中，教师要教导学生选择正确、合理的逻辑连接词，从而提升译文的准确性和可读性，使其更加符合译语的表达习惯和语言特征。

（二）注重语篇翻译中的连贯问题

在翻译中，如果将译文一句一句单独地分析，似乎很准确、合理，但要是从整体出发，也就是从通篇或者整段来看，却会发现译文好比断开线的珠子，散落四处，毫无连贯性，找不到其中的逻辑线索。造成这一现象的根本原因，就是在翻译的过程中，忽略了原文中的连贯性，这种连贯性可能是以显性形式存在的，也可能是以隐性形式存在的，但都没有引起译者的重视。由此可以说明，在翻译中，语篇的连贯性具有不可忽视的作用。

事实上，连贯总是和衔接有着密切的关联，二者都是语篇构成的要素，但是连贯和衔接也并不是完全一样的，二者之间有着一定的区别。其中，衔接必须借助词汇和语法手段，而连贯则不必如此，通过信息的顺序性排列就能得以实现。要想构建连贯的语篇，可以灵活地应用"隐含"和"明显"这两种策略。其中，"隐含"指的就是信息的合理排列，这是一种没有明显标志的连贯；而"明显"跟语篇的衔接有关，是指借助于词汇手段来形成有标志的连贯。

教师要使学生认识到连贯的重要性。在英汉翻译中，译者对于原文语篇的理解程度，以及对语篇结构的认识程度，直接决定了翻译之后会给读者呈现什么样的语篇，并且要想提高译文的质量，译者还必须具备译语语篇的构建能力。从语篇连贯性这个角度而言，作为译者，必须充分、准确地理解和把握原文，要能够清楚地知道其中的逻辑和脉络，认识到语篇的连贯性，只有做到这几点，在完成翻译工作后，才能保证译文具有连贯性。

总而言之，翻译不仅仅是一个转换语言符号的过程，还是一个重新构建连贯结构，以及转换逻辑关系的过程。从根本上讲，语言翻译的过程离不开思维的转换，意思就是，翻译者在将一种语言转化成另一种语言时，其思维必须经历从源语连贯结构到译语连贯结构的转换。我们可以想到的是，这种转换必定体现两种语言的思维以及两种文化背景的对应或冲突。所以，教师要引导学生合理调整翻译中的思维方式，并且要将这种调整巧妙地呈现在译语语篇的连贯结构中。

第五章　跨文化交际语境下英语实用文体翻译教学

文体的类型有很多，可以根据其内容和社会功能而分为应用性文体、科技文体，以及一些专门用途的文体，如商贸文体、广告文体等。本章重点研究跨文化交际语境下英语实用文体翻译教学，包括旅游文体翻译教学、广告文体翻译教学、商务文体翻译教学。

第一节　旅游文体翻译教学

在旅游文体翻译教学中，教师主要应向学生教授旅游文体翻译的基本知识，如旅游英语的概念、旅游文本的特点、旅游文本翻译的总体原则等，以及中国特色旅游的外宣翻译策略等知识，使学生全方位地掌握旅游文体翻译能力。

一、旅游文体翻译基本知识教学

（一）旅游英语的概念

旅游英语就是专门在旅游行业中使用的英语，主要是为了帮助推介者进行旅游宣传，以及帮助旅游者获取自己所需的信息。而旅游英语翻译的对象就是旅游方面的文字材料。

从宏观的视角来分析，旅游翻译实际上是一种跨文化、跨时空、跨社会以及跨心理的交际活动。从翻译的对象来看，旅游翻译所包含的范围相当广泛，除了旅游网站、旅游广告宣传、旅游路线指示之外，还有旅游景点介绍等。随着经济全球化进程的加快，国家和地区间的交流越来越频繁，旅游英语翻译作为跨文化交际活动发挥着越来越大的作用。

（二）旅游文本的特点

旅游文本有着较强的应用性，其特点是形式和内容比较丰富，并且体裁的类别较多，如旅游城市指南、旅游产品宣传广告、旅游景区景点介绍、旅行社简介，以及包括酒店、餐饮、交通在内的众多旅游设施与服务的介绍等。

就文本类别及特点而言，旅游文本中的旅游产品宣传广告、旅游城市指南等属于呼唤型文本，讲求创意，用词新颖，言简意赅，具有很强的感染力和吸引力，意在激发旅游者的旅游体验兴趣；而各类旅游接待企业的宣传手册或旅游景点简介等则属于信息型文本，旨在向旅游者提供与旅游产品、服务和设施有关的准确信息，但也注重用词生动形象，同时具有一定的描述性和呼唤感召力。

旅游文本的另一个特点就是往往承载着大量的文化信息，而中西方文化之间存在的巨大差异不可避免地会给旅游文本的翻译工作带来一定困难。

（三）旅游文本翻译的总体原则

旅游文本翻译属于应用文体翻译，通常来讲，在翻译应用文的过程中，必须考虑到文本的实际功能。在经济迅猛发展的时代背景下，中国翻译工作者的工作内容十分繁杂，面对着多种应用文体，如旅游宣传资料、会议讲话稿、产品介绍等。对于有翻译需求的人而言，他们希望译文能够实现某种功能，满足自己的某种需要。而英语旅游翻译主要是以国外人为受众，向国外人展示和介绍中国的大好河山，目的是激发国外人对中国旅游资源的兴趣，吸引他们来中国游玩，从而推动我国旅游行业的发展，促进中西方文化的交流。

旅游文本的翻译承担着向游客介绍景点信息等重要责任，所以在进行旅游翻译的过程中，务必要做到准确和通俗，然而，这只是最基本的要求，要想让旅游文本翻译达到更好的效果，译文还要具有强大的吸引力，能够雅俗并重，要尽量全面地覆盖游客，让不同文化水平的游客都能轻松地理解旅游信息。实际上，跟其他应用文体相比，旅游文本的翻译自由度更高。但是，翻译的自由度终究还是取决于具体文本的特点。本书认为，要想达到更好的翻译效果，在翻译旅游文本时应该遵循以下原则。

1. 确定旅游文本的功能和目的，忠实传达原文信息

事实上，无论是古代还是现代，无论是国内还是国外，翻译家对翻译的功能都尤其重视。比如，在我国历史上曾兴起翻译佛经的浪潮，当时的译者就特别看重译文是否能够传达原文真正的含义，同时关注译文能否被读者接受和理解，

总的来说，就是看重佛经翻译是否实现了宣传佛理的功能。要想实现翻译的功能，译文必须首先在译入语境中产生意义，并且要发挥作用；其次，在翻译的时候，还要充分考虑译文和原文本之间的联系，一定要保证译文忠实于原文。

众所周知，旅游文本的主要目的就是呈现旅游资源，使其对目的语读者产生吸引力，激发读者了解、观赏和游玩的兴趣。所以，在翻译旅游文本的时候，教师要教导学生，首先要考虑它在译入语中所要体现的功能。国外游客不远千里而来，吸引他们的不仅仅是我们独特的亭阁楼台，或者珍奇的花草树木，更是这些景色里所蕴含的宝贵的中华文化。所以，在旅游翻译中，必须考虑旅游文本的这一特点和功能，要通过有效的翻译手段，加强译文的宣传效果。出于这个考虑，在对旅游文本进行翻译的时候，首先要实现文本的功能，在准确传达原文信息的前提下，发挥旅游文本的宣传和广告效应，从而提升译文的吸引力。

2. 明确旅游文本的类型，在译文中体现广告宣传特性

在英汉翻译中，如果文本的类型不同，那么其翻译策略也是不同的，所以在旅游文本翻译过程中，必须弄清旅游文本的类型。很多翻译理论家都认为，划分文本类型是十分有必要的。以著名翻译家纽马克（Newmark）为例，他提出可以将文本类型分为三类，即"表达型""信息型""呼唤型"。同时他认为，大部分文本都同时属于这三种类型，只有极少数文本只属于其中一个类型。本书所讨论的旅游文本，其类型更偏向于信息型和呼唤型。

实际上，我们不得不认同的是，旅游文本虽然也需要提供必要的信息，但是它跟法律文化、官方文献、科技文章等信息类文本相比较，有着一定的特殊性。也就是说，旅游文本具有"呼唤"性质，甚至这个性质占据主要地位。很多学者都认同把旅游文本归类为"呼唤型"文本，并强调旅游翻译看重的是原文和译文之间信息内容和文体功能的对应而并非看重语言形式上的对应。在翻译的过程中，教师要引导学生注意，没有必要刻意体现语言文化上的差异。直白来讲，旅游文本跟广告的功能类似，目的就是招揽游客，唤起游客的兴趣，所以说，在旅游文本的翻译中，必须坚持宣传性原则。

3. 迎合目的语读者的文化和审美诉求，灵活处理文化和美学信息

旅游文本是非常重要的广告宣传文体。旅游文本的内容主要就是对某一旅游景点展开介绍，包括景点的历史、蕴含的文化和风俗习惯等，这决定了旅游文本中包含大量的文化信息。但是，中国和英美国家在文化方面存在很大的差异，这种差异覆盖很多方面，其中体现在思维习惯和审美上的差异尤为明显。所以，

第五章 跨文化交际语境下英语实用文体翻译教学

在旅游文本的翻译过程中,必须考虑到两种文化和审美的差异。就中文旅游材料的英译这一话题来说,有学者提出,汉英两个民族有着各自不同的文化背景,所以它们各自的旅游文本的语言风格也是不同的。通常来说,受其文化影响,英语的旅游文本一般比较简单明了,有着较强的实用性,且语言表达不会过于夸张、华丽,而是比较直观、朴素;但汉语的旅游文本则不同,它追求一种形式美,比如行文常常追求句式整齐,且讲究对仗工整、言辞华美。正因如此,旅游文本翻译跟文学翻译有着方方面面的差别,旅游文本译文的读者是大众,并且多是国外的游客,译文的主要目的就是让国外的游客能够看懂文本,并且产生强烈的兴趣。因此,在旅游文本的翻译过程中,必须着重体现译文的实用性。

在旅游文本的翻译过程中,对其中所包含的大量的文化信息必须进行合理的拓展处理,为了达到这一要求,教师要引导学生注意,在翻译时必须侧重译语,重视读者的阅读感受。也就是说,译者在翻译旅游文本的时候,不能生搬硬套,要尽量避免使用读者不了解的信息,要学会灵活处理问题。否则的话,虽然在表面上忠实地传达了原文信息,但却导致目的语读者屈从于原文的文化和思维,实际上并没有达到旅游宣传的目的,特别是在将汉语翻译成英语的时候,由于中华民族独特的艺术审美,汉语的旅游材料往往会大量地引用古诗词和成语典故,针对这一情况,教师要引导学生做到灵活处理。一方面,必须考虑英语的表达习惯,考虑读者的文化常识和阅读理解能力;另一方面,不能因为两种语言在文化上的差异而造成词汇空缺,从而对翻译中的困难采取不理会、不作为的态度。在传扬中华文化时,不能过分拘泥于原文,要始终明确向读者展现文化、传达信息这一最终目的。本书认为,如果不讲求任何技巧,生硬地翻译原文中包含的文化信息,对于对原文文化不甚理解的读者来说,极有可能会消磨其阅读兴趣,从而难以达到旅游宣传的目的。因此,在翻译旅游文本的时候,教师要引导学生根据具体的文化现象,采取灵活的翻译手段,争取保留原文文化信息,并在此基础上,以更大的力度满足目的语读者的审美预期,从而有效实现翻译宣传的目标。

二、中国特色旅游的外宣翻译策略教学

(一)地名的翻译策略

在旅游翻译的范畴内,地名是一个十分关键的翻译对象。一般情况下,在翻译地名时,教师要引导学生遵循两个翻译原则,分别是"约定俗成"和"音译为主,适当意译"。具体可以分成以下几种情况。

①由于一些历史原因，有的地名已经有了约定俗成的译名，学生在翻译的时候不必另行揣摩，直接使用即可。

例如：

HongKong　香港

Macao　澳门

Tibet　西藏

②有一些地名或经典的名称是取自人名，针对这种情况，可以遵循"姓前名后，姓名连写"这一原则。还有一些非自然地理实名，在翻译的时候一般是将姓和名分开来写，人名可以在前，也可以在后。

例如：

姓＋名＋通名：黄继光纪念馆　Huang Jiguang Memorial

姓＋名＋'s＋通名：中山陵　Sun Yat-sen's Mausoleum

the＋通名＋of＋姓＋名：昭君墓　the Tomb of Wang Zhaojun

③有一些地名的专名是单音词，对于这类地名，在翻译的时候可以先音译全部专名，然后组成双音节词。至于双音节词，就按照汉语拼音进行翻译。

例如：

礼县　Lixian County

阳城县　Yangcheng County

④还有一些地名是以简称的方式出现的，在对其进行翻译时，要按照地名的全称来翻译，这样才能让国外游客理解我国的行政区域，从而保证达到旅游宣传的效果。

例如：

京沪铁路　Beijing-Shanghai Railway

晋察冀边区　Shanxi-Chahaer-Hebei Border Area

（二）导游词的翻译策略

导游在带领游客观光游览的时候需要对景点进行介绍，这就是导游讲解。导游讲解是一门口语艺术。导游词的内容和质量直接影响着游客的旅游体验，所以导游词的翻译是旅游文本翻译中一个十分重要的项目。出于对导游词特点和功能的考虑，教师要引导学生，在翻译导游词的时候，着重凸显译文语言的口语化和趣味性，并且要使导游词具有现场感，从而提升导游和游客的交流质量，给游客带来良好的观光体验，并使游客对景点本身以及其蕴含的历史文化产生一定的了解。具体来说，教师应当教授学生如下翻译策略。

1. 加注

所谓加注，直白来说就是添加注释。在翻译导游词的过程中，难免会遇见一些外国游客不好理解的字、词、句，对此要添加解释和说明。比如，对于出现的历史人物，通过加注说明其生卒年；对于某一年代，通过加注说明其具体的时间，并用括号把这些说明文字括起来。通过加注，可以有效帮助读者理解原文意思，同时也能使译文更加丰富、生动和有趣。

【例】路左有一巨石，石上原有苏东坡手书"云外流春"四个大字。

［译文］To its left is another rock formerly engraved with four big Chinese characters Yun Wai Liu Chun（beyond clouds flows spring）written by Su Dongpo（1037—1101），the most versatile poet of the Northern Song Dynasty（960—1127）.

如上例所示的译文，其中就采用了加注的翻译手段。原文中提到的苏东坡手写"云外流春"，对于这四个字，以及苏东坡本人，很少有外国游客知晓，因此在翻译的时候，可以对"云外流春"四个字进行解释，并对苏东坡的生卒年份加以说明。在这些加注说明的帮助和指导下，外国游客就不会因译文中一些特殊的字、词、句感到摸不着头脑了。

2. 增译

增译是英语翻译中经常使用的手段。导游词中偶尔会出现一些具有一定历史内涵的字、词和句子，针对这些内容，在翻译的时候不能仅仅翻译字面意思，还要增加一些相关的信息和知识，这样才能使外国游客真正理解导游词的含义。比如，在汉译英的过程中，对于文本中出现的人名、地名，或者朝代、历史典故，就要通过增译的方式进行补充说明，否则很可能会让外国游客摸不着头脑。

【例】据说苏东坡守杭时，常携诗友在冷泉上"书扇判案"。

［译文］It is said that the Northern Song Dynasty poet Su Dongpo, when he served as vice governor of Hangzhou, used to go to the temple with his friends. And he is said to have handled a court case in the Cold Spring for the owner of a fan shop, for Su was a famous painter calligrapher as well as a poet.

对于"书扇判案"这个历史典故，很多中国人都不是很了解，外国游客更是对此一无所知。所以，在翻译这句话时，要增加对这个历史典故内容的介绍，这样才有助于外国游客对旅游材料的理解。

3. 解释

所谓解释，就是指用其他更简单、更容易被理解的词语和句子对原文进行翻译。

【例】宋代大诗人苏东坡把西湖比作西子。

[译文] Poet Su Dongpo of the Northen Song Dynasty（960—1127）compared the West Lake to Xizi, one of the most beautiful women in ancient China.

作为中国人，会受到传统文化的熏陶，所以对于原文中的"西子"，基本上都能理解其含义，知道"西子"就是"西施"，是中国历史上四大美女之一，并且能够通过联想西施的美丽而体会到西湖的魅力。但是，外国游客并不了解这个文化背景，倘若将"西子"直译成"Xizi"，他们并不能理解，因此在翻译的过程中，教师要引导学生对其进行解释，帮助国外游客真正理解译文的含义。

4. 删减

对于一些中文的句子或者段落，如果采取直译的方式进行翻译，并不符合英语的表达习惯。针对这一情况，教师要引导学生，首先要透彻理解原文，并从多角度对其进行深度分析，然后对其中语句进行适当地调整和删减，使翻译后的译文更加通顺，并且符合英文的表达习惯。

【例】西湖的总面积是 5.66 平方千米，南北长 3.3 千米，东西长 2.8 千米。

[译文] With 3.3 km from north to south and 2.8 km from east to west, the West Lake covers a total area of 5.66 square kilometers.

第二节 广告文体翻译教学

在广告文体翻译教学中，教师主要应向学生教授广告文体翻译基本知识、广告英语翻译的概念、广告英语的语言特点、广告英语翻译的原则，以及广告翻译的难点、广告翻译策略等，使其全方位掌握广告文体翻译知识。

一、广告文体翻译基本知识

（一）广告英语翻译的概念

"广告"，即"广泛告知"的意思，是一种通过一定的媒体形式向公众传递某种信息的宣传方式。广义的广告包括一切针对不特定对象的公告,如我们日常生活中经常见到的公益广告、商业广告等,狭义的广告是指推销货品、服务等商业性公告。广告旨在向公众推介某种消费观、某种产品或服务。广告活动不仅具有商业的性质,同时也在一定程度上体现着人们的文化观念、生活习惯以及消费方式。在经济全球化发展这一背景下,国与国之间的商品流通越来越频繁,商业广告无时不有、无处不在,已经成为人类生活不可或缺的一部分。广告作为一种大众传播的应用语言,随着时代的发展、科技的进步而更新变化。

在跨文化的时代背景下,广告翻译越来越受到人们的重视,广告语言总体上是一种鼓动性语言,需要引人注目,需要具有较强的感染力和说服力,能够唤起人们购买产品的热情,从而实现广告目的。广告翻译是将源语文本语言的重要信息采用相关方法转换成与原文具有相同信息内容、译文读者可以理解接受的译语文本语言。在广告翻译中,译者实际上是从事一项再创作的工作,在这一过程中,译者需要尽情发挥想象力,充分发掘和运用自己的创造力,努力寻找商品表面和译语文化的共性,在翻译时尽量贴近译语文化。

在跨文化视角下,广告翻译必须尊重各国的文化传统,考虑多方面因素的影响,以实现广告英语翻译的规范化和科学化,从而促进文化交往、信息交流,给企业带来利润。

(二)广告英语的语言特点

1. 词汇方面

(1)口语化程度较高

广告英语最大的特征便是对消费者具有感召力。口语化的语言朴实流畅,通俗易懂,易于理解与记忆,并且能够缩短商家与消费者之间的情感距离,使消费者觉得亲切可信。同时,广告促销的目的虽然是不言自明的,但广告英语具有一定的含蓄性,以美化促销行为。以"耐克"公司为例,他们有一句引起热烈反响的广告语——Just do it.(只管去做),这句广告语仅仅使用了三个简单的英文单词,不仅篇幅短小、语言简洁,而且意思明了。每当看到这句广告语,就能使人想到耐克。

(2)大量使用形容词

形容词具有较强的开放性,并且极富情感色彩和感染力,它的主要作用就是描绘名词,或者对名词进行修饰。广告用语倾向于美化所述商品,要求语言简洁、生动、形象,富有感情色彩和感染力,因此在广告中,尤其是商业广告中,大量的形容词极尽修饰之能事，或生动形象地美化所述产品，增添其吸引力和诱惑力，或鼓动消费者增强购买信心。不得不承认，形容词为广告语言增添了极大的魅力。以美能达相机的广告为例：Minolta, finest to put you finest.（第一流的美能达，第一流的你。）看到这句广告语，人们心里不禁会产生这样的想法，"只要我拥有美能达相机，我就是这个世界上最优秀、最时尚的人"，这会让人产生一种去购买它的冲动，这句广告语也就达到了目的。再如 excellent daily specials and mouthwatering desserts（精美的每日特餐和令人垂涎的点心），这是一则餐厅广告，形容词占了整个广告字数的一半，极具诱惑力。

（3）创造新词、怪词

在日常生活中我们不难发现，一些广告语中会出现一些新词和怪词，这些词语极具创造力，其想要达到的目的，就是从侧面烘托出产品的奇特性，从而满足消费者追赶时尚的需求，显示消费者的独特个性。因此，还可以借这种方法，增强广告的吸引力和趣味性，取得某种修辞效果。比如，把一些大家十分熟悉的字或词拼错，或者给它加上前缀和后缀，以新词的方式出现，从而起到吸引消费者注意力的效果。

【例1】the orangemostest drink in the world

［译文］世界上最纯正的橙汁饮料

这是一则饮料广告，其中 orangemostest 源于"orange+most+est"，most 与 est 都是形容词的最高级形式，用在 orange 后，借以表示这种饮料的"高质量、高纯度"，是橙汁饮料中的极品。这种紧缩词也是广告英语中的词汇变异的一种手段，突破了形态学的规范，让读者在好奇中玩味，吸引了读者的注意力。

类似用法还有 superfine（super+fine），camcorder（camera+recorder）等。

【例2】Two gether: the ultimate all inclusive one price sunkissed holiday.

［译文］二人结伴：共度阳光假日，享受单人价格。

很显然，这是一则旅游度假广告，two gether 显然是由 together 转变而来，取 together 之音兼"两人一起"之意，形象而富有情趣，用 two 代替 to，营造"外出度假、共享二人世界"的美好意境，对想要度假的男女伴侣有很强的吸引力。这种合成的新词既营造了新奇、独特的气氛，又给人一词多义的凝练感。

2. 句法方面

（1）广泛使用简单句和省略句

优秀的广告用语往往利用最少的版面，以最精致凝练的语言，来传递最丰富且最具感染力的信息，以最大限度唤起受众的热情和兴趣。通常情况下，简练的句子，尤其是口语化的句子，能一下子引起人们的注意，而复杂冗长的句子常常增加读者的理解负担，难以发挥广告效应。

省略句有一个十分重要的特点，那就是能够通过心理暗示的方式来影响消费者的选择，其中被省略的内容，可以让人联想到潜藏其中的广告主题，比如，省略主语、谓语或其他成分，很多情况下甚至以词代句。因此，在广告中适当地使用省略句，能够有效激起读者的反应，引起读者的思考，起到欲擒故纵的效果。

（2）频繁使用祈使句

祈使句有着请求别人做某事，或者倡议别人做某事的作用，其特点是篇幅短小，有较强的鼓动性，而祈使句所具有的这些特点，刚好能起到说服、敦促人们采取某种行为或接受某种观点的作用。因此，在广告英语中适当使用简短有力的祈使句，可以提高广告语的说服力，并使人们更容易被广告所感染。

（3）使用第一、第二人称

例如，在电动牙刷广告"Just because you brush your teeth doesn't mean you do it right！"中，使用了第二人称you，凸显了原文的口语风格，并且能够给人一种亲切的感觉，使得广告更加具有感染力。

（4）大量使用疑问句

在语言表达中，我们通常通过疑问来制造悬念，这也是疑问句的主要功能。在广告中巧妙地使用疑问句，可以启发读者的思维，充分调动读者的好奇心，为下文的引出做好铺垫。

3. 修辞方面

（1）夸张

在英语广告中，经常使用夸张的修辞手法，即故意夸大和渲染商品的好处，但是这种夸张的使用又需要拿捏得恰到好处，不能脱离情理，同时要使广告形象更加突出，能够让人对所推销的产品及其特点产生深刻的印象。比如，在广告"We've hidden a garden full of vegetables where you'd never expect in a pie."中，运用了夸张的手法来说明馅饼里的蔬菜品种很多，就好像是一个菜园子。

（2）反复

反复是为了突出、强调某种含义或某种情感，而将表达这种含义和情感的词语或句子有规律地多次重复使用的修辞方法。在广告文案中，为了突出某种产品信息,常常运用反复的手法加深受众印象并加强受众的记忆。

(3) 比喻

比喻是文学描写中应用得十分广泛的一种修辞手法,在广告英语中,比喻这一修辞运用的频率也较高。在商业广告英语中,恰当地使用比喻修辞,可以让消费者情不自禁地将抽象无趣的事物与生动具体的事物进行联系,从而让产品在消费者心中留下美好的印象,并进一步刺激消费者的购买需求。例如,仔细分析广告"A computer that understands you is like your mother."可以发现,这则广告就巧妙运用了比喻修辞,把电脑对人的理解比作是母亲对孩子的理解,将电脑的性能、优势,形象且生动地体现出来,并且能够引起消费者情感上的共鸣。

(4) 押韵

押韵并不是汉语所独有的,在英语广告中也常常借用押韵来使广告语具有平仄起伏的音韵之美,给人带来美好的听觉感受,从而使广告成为形式与内涵的完美组合。

(5) 双关

所谓双关,就是通过对词语语音和语义的巧妙运用,让某些句子具有外在和内在的两重意义。双关在广告词中被广泛应用,它不仅能引起消费者的联想,而且能够凸显广告语简洁、风趣的特点。例如,在皮瑞尔矿泉水广告"The offspring of Spring." Spring 很关键,它有"春天"和"泉水"的双关语义,其营造的意境十分优美,而 offspring 则有"后代"的意思。整个句子可以翻译成"掬自春泉",这让人不免联想到矿泉水的清纯和洁净,并将其和美丽、生机盎然的春天联系起来。

(三) 广告英语翻译的原则

从英语广告的特点来看,英语广告语言富有创意,具有语言魅力和活力。从广告的宣传效果来看,在对外经济活动中,广告必须有效地传播信息、激发兴趣、引导消费。广告翻译要充分体现广告的信息功能和引导功能,用词需要精练易懂、生动形象、易读易记。因此,在英汉广告翻译中,教师要让学生坚守以下原则。

1. 自然准确原则

在广告翻译中,所谓自然,就是指译文流畅,没有特别明显的翻译痕迹,使读者易于接受,不会产生太多的语言陌生感,能使读者准确接收原文中的信息。衡量译文好坏的一个最重要标准，就是译入语言接受者的反应。只有当广告译入语读者跟源语读者所产生的心理反应十分相似时，译文才算达到了较高的水平，实现了翻译的目的，而实现这一目标的最关键之处就在于，要将原文自然地转换成译文。准确是指译文必须准确无误地说明原文中的信息，绝对不能曲解原文，不能让读者产生误解，这是广告功能的最基本要求。如果译文扭曲了原文的意思，就会对读者造成误导，不能发挥广告的效用。所以说，译文准确是广告翻译的生命。

自然准确原则还体现在译者要尽可能地体现原文的文体特点，用相应的文体体现原文的语言感染力。译者在广告英语的翻译中，要秉持自然准确的原则，不能偏离以下五个方面：

①广告翻译是翻译，在一定程度上也是一种创作。但是，在句子或语篇上，译文一定要与原文保持对应，在文体上，一般不能进行较大的改变。

②译文的主题思想一定要与原文相符。

③如果某一修辞手法在原文中并未出现，但却应用在译文中，其目的通常是避免译文枯燥无趣，使其更加生动、独特，从而提升广告的感染力。

④译文要起到促销商品的作用。

⑤译文可以营造一种舒适的文化和人文环境，能够让消费者融入其中，并得到美的感受。

2. 简洁生动原则

简洁和生动向来是语言翻译所追求的效果。所谓简洁，就是指在翻译的时候尽量选用比较简练的文字，但同时要能够保证完整地呈现原文信息，要想达到这一效果，在翻译的时候，就可以对一些非信息成分进行删减。同时，还可以灵活运用一些固定词组、短语等构成不同的意象，引发读者的想象和联想，从而使译文达到言简意丰的水准。

如"体积虽小，颇具功效"，这是一则旅行箱的广告，其特点是具有较强的写意性，并且在表达方面比较含蓄，译者在充分理解这一特点后，将这则广告语翻译成"Compact and Impact"，如此翻译，不仅使译语简洁生动，具有韵律美，同时准确无误地表达了原文广告中的信息，并且还增强了译文的直观性，很好地融入了目的语文化环境，起到了激发目的语读者兴趣的作用。

教师要对学生强调，在进行创造性翻译的过程中，必须时刻把握创造性翻译的原则。

3. 文化适宜性原则

教师要引导学生准确把握不同文化之间的异同，遵循社会文化习惯，注意大众的心理接受程度，进行适当的文化转化，最大限度地实现广告的功能。

柯达胶卷在美国的广告词是"My son killed his last dragon"，画面是一个小男孩手里握着宝剑，露出满足的笑容，在美国人看来，这就是成功的标志。但是，考虑到中国的文化，对等翻译必然遇到和white elephant一样的遭遇，因此，柯达公司把它在中国的广告词改变成了"享受这一刻"，这种改变正是对中国人喜欢大家庭和大团圆心理的迎合。由此可见，不同的国家和民族，对待同一事物有着不同的思维方式。在交流的过程中，如果忽视这种文化上的差异，那么双方就会产生交流障碍，造成相互之间的信息传递不顺畅。然而，正是因为不同民族在语言文化上存在差异，所以广告翻译才能成为一个再创造的过程。在广告翻译中，要想保持商品的良好形象，就必须考虑不同文化背景下消费者的心理因素，利用好词句的联想作用。

4. 易读易记原则

易读是指译文应当朴实、简洁、易于上口，译者在深刻体会原文信息实质的基础上，运用翻译技巧，体现原文的韵律感，使译文产生音乐美感；而易记则是指，译文能够在读者心目中留下深刻的印象，并且能够引发读者的联想。易读和易记是广告深入人心的前提，也是广告翻译成功的前提。

二、广告翻译难点

作为从一种语言到另一种语言的转换，翻译有它的基本原则，但广告翻译在遵循这些基本原则的同时，更要强调译文的效果。广告翻译不仅要呈现准确且易懂的商品信息，而且还要具有跟原文一样的感染力。为了保证译文与原文有同样的表现力和感染力，教师要引导学生把握不同语言文化的差异，对原文所涉及的语篇功能方面的词句、修辞手法进行合理的、有意义的语义变动，但无论如何变动，广告的功能与目的还是决定了这种侧重于读者感受的等效标准。

翻译时还要在保证艺术性的同时兼顾商品特性，使广告语朗朗上口，形象生动。纵观广告英语翻译教学，有两个方面的问题是值得教师注意的，这也是广告英语翻译的难点。

（一）跨语言因素

1. 语音差异

广告翻译的特殊性，要求译文具有音美的特质。译文应顺口、好听，给人以听觉上美的感受。

我们可以发现，不同语言的发音能引起不同的听觉效果，在心理上激起不同的反应，但是中西语音、拟声或用韵有所不同，这给译者的翻译工作带来一定的困难。

尤其是在广告商标词的翻译中，首先对于一些读起来拗口，并且音节有不雅含义的字词，要尽量规避，尽量挑选一些具有较强节奏感和音韵美的词语。总的来说，就是在广告翻译中，要同时考虑字数、音调、平仄等多方面。如 Sheraton Crest（佳洁士）、Casio（卡西欧）等商标译名，读起来朗朗上口，韵律和谐，富有乐感。在实际的广告翻译中，要在目标语译文中保留这种音韵美是很难做到的，特别是某些广告词语的读音可能会在其他的语言中引起不良的联想，这就要求教师引导学生在翻译时注重语音差异，寻求恰当的契合点进行翻译。

2. 语义差异

在广告翻译中，教师要引导学生意识到，不能止步于对原文字面意义的翻译，要在此基础之上，了解原文的引申意义和其中所蕴含的思想与文化，综合多种因素进行准确的、创造性的翻译。依葫芦画瓢的直译不但不能达到应有的效果，甚至会适得其反，在翻译选词时，应注意语义的差异，尽量使用具有优美意蕴又能传递商品特征的词语。例如，将"玉兔"这一商标，英译成 Moon Rabbit，而不是 Jade Rabbit，是因为"玉兔"乃我国神话中在月宫桂花树下的兔子，它也是月的代称。

此外，在对女性用品的商标进行翻译时，要尽可能地使用具有美好意象的词语，例如，Pantene（潘婷）、Vichy（薇姿）、Avon（雅芳）等，都是好看、好写且符合中国大众欣赏品位的译名。在汉语中，两个字的词语较多，所以在将英语商标翻译成汉语时，要尽可能翻译成 2 至 3 个字的词，目的是让中国消费者感到亲切。例如，德国名车 Mercedes-Benz 开始被译成"莫塞得斯·本茨"，后译为"奔驰"，简明易记，将其风驰电掣的速度表达得淋漓尽致。教师要让学生充分重视广告翻译的语义差异，对于语义差异所造成的理解差异这一问题，要妥善处理。

3.修辞差异

修辞是为了获得语言上的修饰效果、更好地完成表达任务而调动语言诸因素的种种手段。在广告语言中通过采用反复、押韵、拟人、比喻、双关、对比等修辞手法，使原本定位的语意出现新的意境而显得极具张力，激发人们丰富的想象，吸引人们顺着语言的表述过程走进广告语言营造的氛围之中，使人们不知不觉被感化、牵引、俘虏，最终达到广告诉求的目的。但是，中西方某些修辞的差异会给翻译带来一定的困难，主要体现在比喻、象征、对偶、双关等修辞上。

（二）跨文化因素

广告词作为语言的一部分也会受到文化的影响。从某种程度上来说，翻译者就是两国民众沟通的桥梁，所以作为翻译者，首先必须加强对两国文化的了解，明确两种语言文化的差异，并掌握一定的翻译技巧，争取在语言翻译的过程中，恰当地进行文化转换，从而使目的语读者得到更好的阅读体验，促进两国文化的友好互动。千百年来，儒家思想一直都是中国主流的意识形态之一，它对中华文化有着深刻而久远的影响。正因如此，中国人自古以来就有浓厚的人文主义精神，就有"吉庆""仁爱"的文化和心理追求。西方则不同，西方人讲求"务实""人本"。由于语言文化上的差异，一国的优秀广告对处于另一国语言文化背景下的消费者来说，未必就是成功的。广告文化具有几个十分明显的特征，那就是大众性、商业性、民族性和时代性，而影响经营者和消费者心理和行为的因素也有很多，如文化传统、信仰以及价值观，这些因素也影响着各个国家的广告活动。译文既要跨越文化障碍，避免文化冲突，又要充分体现广告的宗旨，符合消费者的心理，用源语读者和目标语读者都能接受的习惯用法来传达原文信息，尽量保证目的语读者在阅读译文时产生良好的心理感受，使其跟原文在读者心中引起的反应保持一致，避免误导读者。

汉语广告词中多引用成语、谚语或名人名句，往往造成目标语中的语义空缺，给翻译工作带来困难。国际广告与国内广告相比要面临更多的风俗传统、审美习惯、宗教政治等方面的差异问题，因此跨文化因素是广告英语翻译的又一难点，给翻译者的翻译工作提出了更高的标准和要求。教师要引导学生，在广告翻译的过程中，要能够得心应手地运用语言、营销以及文化等方面的综合知识，根据广告的内容、特点和目的，选择恰当的翻译方式，争取使译文在直观、准确表达出原文所有信息的基础上，彰显原文的风采。

三、广告翻译策略

（一）直译策略

直译又称语义翻译，也就是以词为单位，对原句进行逐词翻译，将其转换成与目的语中相对应的词汇，这种翻译方法具有机械性特征，且往往不顾及上下文的意思。直译是广告翻译的基本方法，直译策略旨在尽量保留原文的句子结构和修辞，努力再现原文的形式、内容和风格。采用直译方法的译文往往更能够体现忠实和对等原则，在遵循目的语语言规范，并且不使目的语读者产生错误联想的前提下，体现原文内容，保留原文的形式。例如，将"中国的，世界的"译成 For China, For the World, 这一例句就是通过直译法译成的，可以发现英语译文的广告词和原文中的广告词都是一样的通俗易懂。直译这一翻译方法使得广告翻译忠实于原文，教师要引导学生围绕原文文本认真思考、细细斟酌，高效、高质量地完成翻译任务。

（二）意译策略

意译又叫"灵活对等""动态对等""功能对等"翻译，是一种经过处理后的"语内翻译"。有时采用直译策略翻译出的译文难以为目的语读者所接受，所以教师要引导学生，不能过度执着于原文的形式或者修辞，要对其进行舍弃或者改变，尽量使用跟译文习惯相近的表达方法，或者合理运用使读者更容易理解的词语，并选取恰当的句式来呈现原文的含义和思想。

意译策略通常取原文之内容而舍其形式，允许译者采用具有一定创造性的翻译方法，在保留原文的基础上进行翻译。例如，将"We care to provide service above and beyond the call of duty."译为"殷勤有加，风雨不改"（UPS 快递广告语）。

此句广告语如果直译成"我们愿意提供高于或超出责任的服务"，虽然能够忠实表达原文意思，但是过于直白，没有任何情感因素。对于一家快递公司而言，"殷勤有加，风雨不改"正是"高于或超出责任感的服务"的写照，这种意译的方式在合理表达原意的同时，易与读者产生心灵上的共鸣，更有煽情的效力。再如，将"Everything is extraordinary, everything tempts."译为"件件超凡脱俗，样样新颖诱人"。这是卡迪亚的饰品广告词，其基本意思就是强调每一件饰品都是精品。按照汉语讲究对偶，忌字面重复的习惯，本译文词句优美，且准确地体现了饰品精美的品质。可以看出，翻译者站在目的语读者的角度，重点关注译文的可接受性，以及译文的可读性，经过反复打磨和斟酌，做到了使译文的语言意义与原文广告的深层含义和主题思想并存。

（三）增译策略

这里的增译策略是指挖掘、扩充和引申原文的意义，发挥原文的深层意思，目的是让译文的意义超出原文，凸显其隐含的意义。比如，某白酒广告词为"爽口顺喉，和醇耐味，名贵高尚。"其英语译文是"Sensually Smooth；Mysteriously Mellow；Gloriously Golden."可以很明显地看出，原文中的广告语并没有运用什么修辞手法，但是在英语译文中，却使用了押韵，这一修辞的使用使得这句广告语朗朗上口，听起来富有韵律美，从而达到吸引读者注意力的目的。而且这样的翻译寓意优美，能给人带来心灵上的震撼。中文广告翻译的特点就是言简意赅，增译策略能够充分体现原广告文本中的深层含义并使译文更符合市场营销的习惯表达。

（四）套译策略

所谓套译策略，是指将中文广告翻译成英文时，不仅可以模仿反响不错的英语广告范例，也可以对英美国家一些流传甚广的名言佳句进行套用。这种方法是汉语广告翻译的一条捷径，但作为译者必须清楚，套用不是毫无原则的模仿，更不是没有章法的生搬硬套，而是在尊重广告创意的前提下，透彻理解汉语广告表面和内在的含义，然后对原文进行灵活而巧妙的套用，从而准确、生动地呈现产品信息，让受众读者对产品产生美好的印象。例如，药品速效救心丸的广告词"随身携带，有备无患，有惊无险"。其英语译文是"A friend in need is a friend indeed！"通过分析我们可以发现，译文中套用了一句众所周知的英语谚语，运用了拟人的修辞，让所描述的产品给人带来一种亲切的感觉，这样有助于赢得消费者的喜爱和信赖。

总而言之，在广告英语翻译的过程中，教师要教导学生合理、巧妙地运用套译策略，有效引起目的语读者美好的联想，从而让广告宣传取得更好的效果。

（五）创译策略

创译是一种具有创造性的翻译策略，但并非纯粹意义的创作。创译策略要求译者掌握丰富的知识，拥有大胆的想象力和拓展性的思维方式。译者无须局限于字面意思，而要善于挖掘深层含义，同时大胆地融入个人的创造性，创译是再现原广告文本精神实质和魅力的创作。例如，国产"实达"电脑与"瑞星"杀毒软件被分别翻译成 Star 与 Rising，可以看出，这两个商品品牌的翻译，利用了音意相结合的方法，起到的效果是有目共睹的，那就是不仅保留了原文的发音，而且译出来的名字富有新意，同时又特别生动，给人一种该产品在业内遥遥领先的感觉。如果这两个商品品牌仅仅采用原音直译，或者谐音取义，在体现商品特色方面都会大打折扣，更无法体现商品的独特性。

创译策略，就是要让译者在翻译的过程中，摆脱原来广告文本的局限，不仅要仔细斟酌，更要尝试开辟新的路径，要努力跟译入语的文化特征求同，大胆进行创新翻译，争取让人们通过广告词，引发对商品质量、性能的美好想象，从而为商品树立良好的形象，使其迅速进入国际市场，得到更多消费者的关注和青睐。

第三节 商务文体翻译教学

在商务文体翻译教学中，教师主要应向学生教授以下内容，包括商务文体翻译基本知识，商务英语翻译的概念、商务英语翻译的特点、商务英语翻译的原则，以及商务英语翻译的策略等，使其全方位提高商务文体翻译能力。

一、商务文体翻译基本知识

（一）商务英语翻译的概念

商务英语是专门用于商务沟通的语言，具有明显的商务特色。商务英语具有简单化、专业化、针对性强、实用性强的特点，在国际贸易中起着重要的作用。在经济全球化时代，国际贸易的开展具有重大意义，它不仅能够给合作双方带来巨大的经济效益，还会加深彼此的信任和了解，使两国构建良好的关系，因此国际贸易的成功与否，对企业之间，甚至国家之间的关系都会造成影响。要想有效提高国际贸易的成功率，就必须在商务英语翻译上面下功夫。准确得体的翻译能够营造良好的谈判氛围，促进双方对彼此的认可，使双方都能准确表达自己的需求，理解对方的意思，以促进合作顺利进行。所以，教师要引导学生，在贸易谈判过程中掌握一定的方法和技巧，学会随机应变，把握好语言表达的流畅性，不断提升翻译的质量和效果。

（二）商务英语翻译的特点

1. 商务英语具有较多的专业术语

作为具有专门用途的英语，商务英语必定会涉及很多专业知识，这使得商务英语翻译独具特色。因此，作为商务英语的翻译者，首先必须加强学习和积累，掌握足够的商务专业知识。比如，在对商务信函进行翻译时，译者必须知道价格术语，如 CIF，FOB，CFR 的含义。对于商品的品名、装运、品质、价格、包装、商检、保险等术语要有清晰认识，在翻译的过程中切忌使用外行话。如果译者没有掌握这些技能，相关素质不完善，没有足够的商务专业知识做基础，那么在翻译的过程中，即便是认识材料中的每个单词，也无法实现准确、得体的翻译。

2. 商务英语应用于不同专业领域表达不同词义

在商务英语的翻译过程中，有一个问题是翻译者绝对不能忽视的，那就是一词多义。在不同的商业业务领域内，一个词跟不同的词语进行组合，会产生不同的含义。比如，interest 这个词，在不同的行业背景中可以表达不同的意思。可以理解成"对什么产品、品牌感兴趣"，也可以翻译成"被保险的货物"或是"利息"。

3. 商务英语中普通单词有外贸词义

在商务英语翻译中，需要译者注意的细节有很多。如在商务信函中，不仅有很多与商贸活动相关的专业词，还有一些特殊的词汇，需要引起译者的格外注意。比如，下面例句中的一些单词。

【例】We wish to cover the goods against All Risks.

［译文］我们对该货物投全险。

在商业信函中，尤其是保险业务中，cover 是"对……投保"的意思。

4. 商务英语翻译有特定惯用套语

在商务英语的范畴内，有一些词语是约定俗成的，针对这种情况，在翻译的过程中，要尽可能地使译文与商务文体的风格相适应，这样才能被相关商务人员所接受和理解。

5. 商务英语中的数字翻译

由于商务专业特殊的性质，商务英语中会出现较多的数字。从数字表达这一方面来说，英语和汉语有着很大的不同。译者在翻译数字时，必须尊重译入语的表达方式和习惯。另外，数字在商务文件中非常重要，所以在对数字进行换算时，一定要格外严谨，不能出现任何差错。此外，在英译汉时还要注意"增加了几倍"和"增加到几倍"之间的区别，不能混淆。

6. 商务英语措辞委婉

在商务活动中，参与方必须谦和有礼，所以商务材料中的语言表达基本都比较委婉，而作为译者，必须考虑到商务活动的这一特征，在翻译的过程中，不仅要保证语义表达的完整和准确，还要通过对翻译技巧的合理运用，对译文多加斟酌，要体现出委婉和客气的表达特点，使其更容易被对方所了解、接受。在商务活动中，无论是面对面交谈，还是信函往来，都要遵守礼貌的原则。比如，商务英语翻译中常常会涉及对人称的翻译，如果是表达正面的看法，那么多使用第一人称。如果是表达反对或者其他态度，尽量用 we。总之，在对人称翻译的过程中，一定要考虑不同表达方式所产生的不同效果，根据实际情况进行合理的翻译，尽量满足交谈双方的需求。

（三）商务英语翻译的原则

1. 准确性原则

在商务英语翻译中，准确性是其最为重要的原则，如果译文没能准确地表达原文所要表达的意思，将会引起经济或者财务纠纷，带来不必要的损失。因此，在商务英语翻译当中，翻译者应该严格遵循准确性原则，并将其作为第一准则。在进行商务英语翻译时，一方面要运用准确的语言来呈现原文的内容；另一方面，要通过巧妙的翻译手段，让读者在阅读译文的过程中，获得与原文内容相同的信息，也就是实现信息等值。要想达到翻译目标，翻译者在翻译的过程中，就必须对词汇以及相关概念有准确的把握，特别是对文件中的一些单位和数字，要保证翻译精确。跟其他类型的翻译语言相比，商务英语对内容的忠实度和准确度有着更高的要求，因为只有这样，才能达到商务英语翻译的目的。商务活动中的文本信息影响着双方的切身利益，特别是签订的合同以及其牵涉到的各种条款是合同双方必须履行的，具有很大的法律效力，因此商务翻译必须做到用词严谨且准确。

另外，商务合同是商务翻译的重要内容，只有保证翻译的完整，才能保证双方所签订的合同是合理的、准确的，因此在翻译中英文合同文本时，译者要合理融入一些原文件中隐含的内容，以保证合同翻译的准确性，让读者对合同内容更加清晰明了。但是，商务英语在词汇上的最大特点是专业词汇量大，其中所包含的大量专业词汇是具有商贸意义的复合词、普通词和缩略词，有非常强的专业性，所以一定要准确知晓其真实含义。

【例】The amount and date of negotiation of each draft must be endorsed on the reverse side by the negotiating bank.

［译文］每份汇票的议付金额与日期必须由议付行在本证背面签注。

该句中 negotiation 的意思通常是"谈判，协商"，而在此处的国际贸易结算商业用语中，意思是"议付"，date of negotiation 意思是"议付日"。draft 的一般意思是"草稿，草案"，但此处意思是"汇票"。此外，这类特殊意义词的其他形式也具有特殊的商业意义。如形容词 negotiable，negotiable amount 是"可议付的金额"，negotiable letter of credit 意思是"可转让信用证"。

因此，在商务英语的翻译中，要仔细观察词语在特定语境中的含义，遵循准确性原则，把句子的原意准确地用目的语翻译出来。

2. 规范统一性原则

规范统一在这里是指译文所运用的词语及句子，符合双方约定俗成的含义和规范。译文的行文方式和语言都要符合商务文献的语言规范。所谓"规范通顺"，就是指把理解透彻的内容，用规范通顺的文字表达出来。要想使译文规范通顺，翻译者就要特别注意词语运用的规范性。在对商务领域的专业用语进行翻译时，为了保持商务专业术语英汉译名的统一性和稳定性，译者必须认真阅读国际商务英语文献，因为商务领域的通用汉语术语基本上都有统一的英语表达，译者要做到将具有同一概念的两种语言相对应的译名进行匹配，做到统一并始终如一。

在翻译中国特有的商品名称时，译者要尽可能多地参考商贸专业性词典。一些出口较多的中国特有产品，经过商务英语翻译人员的共同探索和努力，基本上都有了固定、统一的英文译名。例如，将乌龙茶翻译为 oolong tea，将清凉油翻译为 essential balm。

3. 专业性原则

在翻译实践中，译者应该结合相关的翻译理论，以及某行业的专业知识，通过对翻译方法的恰当运用，获得与原文内容等值的效果。要想在商务英语翻译领域有更高的成就，译者必须不断地学习、积累和实践，努力提升自己的专业素养，与此同时，还要对译文涉及的领域有较为深入的认识，从而避免出现误译的情况，尽可能保证双方信息对等、双方共同获利。除此之外，商务英语翻译人员在翻译过程中要注重对商务英语领域的缩略词和专业术语的运用，以及对出现在不同领域的新词语的灵活运用。同时，在商务英语翻译过程中，译者要熟练掌握相关的专业知识以及翻译技巧，做到合理运用。比如，一些对金融学不太了解的人会把 bank balance 和 insurance policy 分别译成"银行平衡"和"保险政策"，但其本来意思是"银行余额"与"保险单"。

所以在遵循准确性原则的基础上，译者在翻译的过程中也应该应用一些特定的专业套语，使翻译的商务文件和信函更具有专业水准。例如，在商务英语中大量使用的古语词，在翻译过程中就要用目标语中与之相对应的古语词来表示。

除此之外，商务信函是一种公对公的、比较严肃和正式的信函，属于公文体，因此在翻译过程中，必须保证其措辞规范正式，要合理使用固定的惯用套语。比如，在商务信函中，如果将 dear sir 翻译成"亲爱的先生"，那就会有失正式感，也不合乎公函汉语的表达习惯，可译为"尊敬的先生"。

4. 文化趋向性原则

语言是某种特定文化的客观反映，与文化有着不可分割的关联。

商务英语虽然有着较强的针对性和应用性，但是它也反映着英语文化。所以，在商务英语翻译中，风格信息的表达是绝对不能忽视的。不同国家和民族的人，有着不同的生存环境，在发展的过程中，则会产生一些不可译的文化内容。但是，在生存需求和思维方式上，人类是有共性的。所以，尽管不同的国家和民族会存在文化差异，但是作为商务英语翻译者，必须了解这些差异，并巧妙地使用恰当的翻译技巧，实现文化和信息上的对等。

在翻译理论的研究中，越来越多的学者提倡遵循文化趋向性原则，提倡根据目标语的文化背景来对源语言进行翻译。因此，在商务英语的翻译过程中，对于原文和译文各自的文化背景，以及在文化方面存在的差异，译者必须有足够的了解，并尽量采用与目的语文化特征相符的表达方式。争取通过翻译，在一定程度上消除文化差异，使译文和原文信息对等。例如，在时间观念上，英语是由小到大，而汉语则是由大到小，"December17th, 2001"的汉语表达就应该是"2001年12月17日"。中西方的空间概念也是相反的，northeast 对应的汉语表达应该是"东北"，northwest 应该是"西北"。此外，东西方语言在很多日常表达方式上也有明显的差异，如 black tea 译成汉语应该是"红茶"，golden sugar 汉语意思应该是"赤砂糖"，而不能译为"金色糖"，否则会让汉语语言者难以理解。因此，对于普通英语翻译的文化趋向性原则，在商务英语的翻译中也要遵循，以使目标语读者或听众能更好地理解译文。

商务英语的词汇丰富，专业术语数量庞大，商务词使用频率高于普通英语，随着经济生活的快速发展，涌现出许多前所未有的商业新词汇和各种专有名词。这些特点都决定了商务英语翻译的难度系数较高，而且中西方文化思维方式的差异也使得商务英语的翻译变得更加有难度。所以，在翻译过程中，译者要尽量准确、合理、通顺地表达出源语言所要表达的意思，从而保障各种商业交流顺利地进行，推动整个社会的经济发展。

5. 变通性原则

（1）变通性原则在商务英语翻译中的表现

所谓变通，就是指对翻译中出现的问题要灵活应对，不要拘泥于固有的方法和手段，要充分考虑实际情况，考虑翻译的目的。商务英语的用途十分广泛，商务英语的翻译是否准确得体，直接决定着双方的合作或交易能否顺利开展。在翻译中遵循变通性原则，可以有效提高翻译的准确性。另外，合理运用商务英语，牢牢把握商务原则，是商务英语翻译者所必须做到的。在商务英语翻译中，变通性原则主要体现在以下方面。

①准确的言辞表达。表达准确是商务英语的一个硬性要求，要想做到这一点，首先就必须保证用词的准确与恰当，在商务英语翻译中，不仅要将原句的意思准确、完整地表达出来，还要体现出相关的风俗与文化。通常情况下，商务英语的读者是贸易双方，商务英语言辞的表达是否准确，决定着贸易进程的顺利与否。在言辞表达方面的变通性原则主要表现为适当使用翻译技巧，提升翻译的严谨性和科学性，保证翻译的最佳效果。

②对文化差异的尊重。从一定程度上来说，语言是一个国家和民族的文化载体，所以说，语言也是一个国家文化、文明的体现，而各种因素导致中西方文化具有较大差异，这些差异在语言方面的表现十分明显。所以，翻译工作者实际上也是两国文化交流的媒介，作为译者必须对两国的文化背景有足够的了解，并且还要明确两种文化之间的差异，在此基础上，严格遵循变通性原则进行语言翻译。在实际的商务英语翻译过程中，译者不能仅从文本的表面意思上进行翻译，还要深入了解原文所蕴含的文化，据此灵活变通，选择恰当的翻译方法，从而避免出现扭曲原意或者表达错误的情况。

③不同类型的文本翻译。商务英语覆盖的内容较多，因此在商务英语翻译过程中，要根据文本的不同类型和不同作用，遵循变通原则，进行灵活的翻译，从而保证翻译的实用性。

（2）变通性原则在商务英语翻译中的应用

①商标。所谓商标，就是产品的符号化表现形式，对商标的翻译是商务英语翻译的重要内容。对于商标的翻译，首先必须注重创新。商标体现着产品和企业的形象，进而左右着人们对于产品的印象，所以商标的翻译一定要准确，并且要具有创新性。一般来说，商标翻译可以采取音译法或者谐音法，不需要过分追求呈现单词的本来含义，如福特（Ford）、奔驰（Benz）、舒肤佳（Safeguard）等，这些产品的音译不仅简单好记，而且能够说明产品的性能和优势，体现出较高的翻译水平。

②商务信函。在商务活动中，商务信函有着广泛的应用。在翻译商务信函时，虽然没必要将原文逐字逐句地翻译出来，但一定要保证意思表达准确完整，不能遗漏任何细节，并且作为信函，在翻译的时候必须注意谦辞和敬辞的使用。例如，使用"贵公司""敬请"，thanks，please 等，能够让收信的一方感受到亲切与尊重，从而为商务合作的顺利进行奠定基础。

③商务合同。对于保证商务贸易有效性来说，具有法律效力的商务合同是十分重要的凭证。由于其特殊的性质和作用，商务合同中必定会出现很多条文款项，涉及一些专业术语和法律条文，这就对翻译工作提出了更高的标准和要求。因为一旦翻译不当，使译文产生歧义，就很可能导致贸易纠纷。因此，对于商务合同，商务英语翻译人员必须认真对待，运用自己掌握的知识和技巧，将商务合同准确无误地翻译出来。

④商务广告。鉴于广告的特点和作用，商务广告的翻译不仅要具有功能性，还要具有艺术性，这样才能提升广告的表现力和影响力。语言是广告构成的重要元素，优秀的广告语言首先可以让人们产生耳目一新的感觉，其次对受众有着较强的感染力，可以让人们对产品产生美好的印象和购买的欲望，从而提升产品销量。在翻译商务广告的过程中，一方面要注意呈现产品的特点和功能，另一方面要对语言进行艺术加工，保证语言生动且富有活力，使其能够唤起消费者的兴趣和消费的欲望。除了经济因素之外，广告还具有文化因素，不同文化背景、不同地区的人们对语言的感知情况是不同的，因此商务广告翻译必须采用恰当的方法和策略。作为合格的商务翻译人员，要在遵守变通原则的前提下，从文化背景、消费心理、广告意图等多个角度出发，认真分析通过何种手段才能实现准确合理的翻译。

二、商务英语翻译的"求美"策略教学

（一）"仿文言体"策略与商务信函翻译

国际通用的商务信函是比较严肃、规范的，其中经常会使用一些套语，比如开场白、转承句和结束语，实际上，这些词语在汉语信函中能够找到类似的表达。虽然从文化角度来说，我国和西方国家存在较大的差异，但是在一些正式场合中，恭敬、礼貌的行为准则还是广泛适用的。商务信函是商务工作交流的媒介，联络着生意合作伙伴、上下级或同事等层层关系，所以为了让跨文化交际更具有"美感"，在对商务信函进行翻译时，不妨采用中国传统的书信语言，即仿文言体，从而提升译文的水平，并使译文更容易被读者理解和接受。

【例1】Dear sir

［译文1］亲爱的先生

［译文2］敬启者

【例2】Thank you for your letter of May 10.

［译文1］感谢你方5月10日的来信。

［译文2］兹收到贵方5月10日来函。

（二）"化整为零"策略与商务合同翻译

商务合同翻译是商务英语翻译的重要内容，商务合同文本有一些比较重要的特点，就是长句、复合句出现的频次较高，而且句子的结构复杂，有的长句所包括的单词甚至超过一百个。英语属于结构性语言，有固定的语法，在用长句进行表述时，能够通过各类从句的运用来保证语义严谨。但是，在英汉翻译的过程中，如果采取直译的手段，译文就会显得十分拖沓，而且很容易造成语义上的曲解。因此，针对商务合同中的长句，在翻译的过程中可以采取"化整为零"的方式，也就是在充分理解原文长句的基础上，根据其内容归属，分条目或者分项目逐一进行翻译。这不仅迎合了汉语的造句和行文习惯，而且能保证信息准确传达，另外还能使译文更加条理清晰，给人以美的感受。

（三）"查漏补缺"策略与商务单证翻译

商务单证一般是以表格的形式来呈现，因此在单证翻译中，最常使用的就是直译法，并且要做到译文和原文的一一对应。但是，在一些特殊的情况下，字对字、词对词的翻译很有可能会造成信息的遗漏，从而给商务活动带来不便。语

义是否明晰，是英语词法审美的重要标准。如果语义含糊，或者产生歧义、让人误解，那么这种称不上"真"，也称不上"善"的语言，也就与"美"绝缘了。此时，我们应当合理运用"查漏补缺"策略，对信息进行必要的增补，实现准确有效的表达。

总而言之，在商务英语翻译过程中，教师要引导学生认识到，不仅要保证译文内容上的"真"，同时也要关注译文形式上的"美"，要通过有效的方法和策略，实现二者的有机结合。

第六章　跨文化交际语境下汉英文化翻译教学

本章将对英汉习语文化对比与翻译教学，英汉数字、色彩文化对比与翻译教学，英汉节日文化对比与翻译教学以及英汉典故文化对比与翻译教学这几部分内容进行阐述，分析在跨文化交际语境下的英汉文化翻译教学方法。

第一节　汉英习语对比与翻译教学

习语是一种经过长期的使用后形成的固定的、独特的语言表达方式，具有寓意深刻、通俗和精辟等语言特点。习语作为语言发展过程中凝结的精华，可以让语言变得更加生动形象，同时又更加简练，体现丰富的民族文化精髓和价值取向。在进行英汉习语文化翻译教学之前，教师要先对英语和汉语中的习语文化进行对比。

一、英汉习语结构形式和对应程度对比

（一）汉英习语结构形式对比

汉英习语在结构形式方面存在许多不同之处。

1.英语习语的结构形式

英语习语在结构形式方面具有灵活多变、可长可短的特点。

例如：

What one loses on the swings, one gets back on the roundabouts.

失之东隅，收之桑榆。

Hair by hair you will pull out the horse's tail.

矢志不移，定能成功。

2. 汉语习语的结构形式

在结构形式方面，汉语习语具有结构紧凑、用词精炼的整体特点，这些习语中包含了许多词组性的短语，从字数来看，习语的构成以二至四字居多，还有由对偶性短句构成的习语。

例如：

言必信，行必果。

酒逢知己千杯少，话不投机半句多。

书到用时方恨少，事非经过不知难。

（二）汉英习语对应程度对比

汉英习语在对应程度上分为三种情况，分别是对应、半对应以及非对应。以下将具体分析几种情况。

1. 汉英习语的对应性

将英语作为母语的国家和中国存在着许多方面的差异，如生活方式、思维习惯以及认知能力等，但也存在一些外部生存条件上的共性，如气候变化、地理状况以及季节的更迭等。习语便是将这种共性的认知在语言层面上反映出来。很多汉英习语不仅在语义上相同，更具有高度相似的表达方式与结构，可以从字面上一目了然地看出其对应关系。这些存在对应关系的习语被称为"相互对应的习语"，下面是一些例子。

乞丐的钱袋是无底洞。　A beggar's purse is bottomless.

如坐针毡　to be on thin ice

泼冷水　throw cold water on

画饼充饥　draw a cake to satisfy one's hunger

火上浇油　pour oil on the flame

2. 汉英习语的半对应性

英语和汉语所属的语系和民族都不相同，因此在不同环境下成长的人群在对外界的看法与生活经历上都存在差异。语言是一种人脑对客观事物的具体反映，外部环境变化或是对外部世界认知的不同会导致习语上的不对应。

两种习语都是在文化发展和社会实践过程中形成的具有独特内涵的习语文化精华。

两种习语不仅与各自民族的文化发展历史紧密相关，同时还与社会、民俗、历史等各方面的因素相关。对于习语，应在理解时转换其中的意象，进而找到合适的目的语去解释其内涵，有些习语被称作"半对应的汉英习语"。

例如：

fish in the water　水中捞月

as silent as the graves　守口如瓶

plentiful as blackberries　多如牛毛

castle in the air　空中楼阁

after one's own heart　正中下怀

3. 汉英习语的非对应性

由于民族间的差异性，中西方对一些事物或现象的表述会产生巨大的差别，因此在表达习惯或语言词汇上出现一些偏差是十分正常的现象。"非对应习语"是指两种语言中习惯用法和文化特征差异过大的习语。

例如：

too delighted to be homesick　乐不思蜀

see wind blows　见风使舵

二、汉英习语文化翻译教学

无论是英语还是汉语，其中都存在着大量习语，由此可以看出，习语不只是一种语言的精粹，更包含了丰富的文化底蕴，同时将不同民族的独特文化内置其中。因此，我们要在充分了解其文化内涵的同时，选择合适的翻译方法。下面五种方法都是翻译过程中常用的方法，教师要让学生对其进行熟练掌握。

（一）直译法

直译法可以将源语言的风格及民族特点有效地保留下来，同时可以让读者产生丰富的联想。直译法的翻译适用范围包括形式和意义都基本相同的习语，翻译时要做到"功能对等"和"形式相当"。

例如：

to drain a pond to catch all the fish　竭泽而渔

beyond cure　无可救药

A friend in need is a friend indeed.　患难见真情。

armed to the teeth　全副武装

（二）意译法

不同的文化背景使得许多汉语习语和英语习语在形式和意义上并不完全对等。这时就不应该再继续使用直译法，而应采用意译法来进行翻译。

例如：

take a French leave　　不辞而别

narrow winding trail　　羊肠小道

like duck to water　　如鱼得水

like a cat on hot bricks　　热锅上的蚂蚁

face the music　　勇敢地面对困难

at the beginning of one's career　　初出茅庐

on a large and spectacular scale　　大张旗鼓

（三）直译加注法

在不同特色的民族文化中会产生不同的习语，直译有时会产生不利于读者阅读的错误，而意译则可能会有损习语的民族特色和传统形象，对文化传播造成影响。因此，当两种翻译方法都不适用的情况下，我们选择直译加注法。通过在直译的基础上加上注释，来达到传达原文语义和内涵的要求。

【例1】班门弄斧

［译文］Show off ones skill with the axe before Lu Ban the master carpenter.

Lu Ban : a master craftsman of the Spring and Autumn period in ancient China.

【例2】All are not maidens that wear bare hair.

［译文］不戴帽子的未必都是少女。

注：西方风俗中成年妇女一般都戴帽子，而少女一般不戴。该习语告诫人们看事物不能只看外表。

（四）直译和意译结合法

在翻译过程中，有时会通过将直译和意译结合起来的方法来进行翻译。

【例1】Caution is the parent of safety.

［译文］谨慎为安全之本。

【例2】三十六计，走为上计。

［译文］Of the thirty-six strategies, the best is running away as you have no better choice.

(五) 套译法

在遇到内容和形式相似的习语翻译时，可以使用套译法进行翻译，通过直接套入现有成语的形式来简化翻译，并使译文通俗易懂。

【例1】说曹操，曹操到。

［译文］Talk of the devil and he is sure to appear.

【例2】得寸进尺。

［译文］Give him an inch and he'll take an ell.

第二节 汉英数字、色彩文化对比与翻译教学

数字词和色彩词在汉英两大语言系统中的应用非常广泛。这两类词具有较强的民族性和历史性，不同民族之间的文化差异与地方特色可以通过数字和色彩词生动鲜明地表现出来。所以在翻译这类词语时，译者不仅要考虑其本身的意思，更应该结合源语与目的语的文化内涵进行对比翻译，同时采取合适的翻译策略。教师要针对这一点向学生着重强调。

一、汉英数字文化对比与翻译教学

(一) 汉英数字文化对比

1. one 与 "一"

one 在英语中很常用，因此其在英语习语中的使用非常多。

例如：

One lie makes for many. 说一谎需百谎圆。

One good turn deserves another. 礼尚往来，善有善报。

one of those things 命中注定的事

"一"自古便被中国人视作数字之首。"一"构成的汉语习语有很多，如众多非一、千人一面、一团和气、一五一十、一事无成、一路平安、一心一意等。

2. two 与 "二"

two 在英语中既有褒义也有贬义，如表示褒义的 kill two birds with one stone

（一石二鸟）和表示贬义的 it takes two to make a quarrel（一个巴掌拍不响）。

中国人对"二"的偏好同西方人一样，也可以从许多方面体现出来，例如，中国传统文化中"阴阳之说"，可见中华民族对对称美的偏好以及对偶数的喜爱。自古以来，中国人都希望生活得两全其美，期待双喜临门，哪怕是在人情交往中也是偏爱双数。在少数情况下，汉语中的"二"也存在贬义的色彩，例如，"一山不容二虎""一心不可二用"。

3. three 与 "三"

英语中的 three 有完美之意。在西方文化中，第三号被认为是幸运的。例如，莎士比亚的剧本中就曾指出"All good things go by three."（一切好事以三为标准）。

同时，three 在英语中还有延伸的含义，如 three-ring circus 表示"乱七八糟的场面"，three sheets in the wind 表示"人酒后的醉态"。

中国人观念中的"三"代表多，有多数或多次的含义，如三更半夜、三心二意、两面三刀、火冒三丈、三山五岳等。

"三"在中国的礼节文化中还有神圣与圆满的意义，含有吉祥的蕴意。

例如：

三呼万岁：古代臣子面见皇帝时高呼的口号。

三叩首：结婚时，夫妻需要相互敬拜。

三族：祖孙三代，即父、子、孙。

三纲：古代的君臣关系、父子关系、夫妻关系。

此外，数字"三"有"生"的谐音，这在粤语中体现得更为明显，因此中国广东人、香港人特别喜欢"三"，在挑选号码时也都崇尚这个数字组合。

4. four 与 "四"

four 与 three 一样，都深受西方人的喜爱与欢迎，four 被认为是方形的代表，体现了全面与稳固的特点。

例如：

on all fours　完全吻合

four leaf clover　幸运草

与西方人相反，在中国，"四"因为与"死"互为谐音，所以被认为是不吉利的，是被人忌讳的数字。

5. five 与 "五"

在西方人看来，five 是一个会带来厄运的数字。

而中国人认为"五"是圆满、完全的代表，如地域方位包括了东、西、南、北、中五个，天地万物的构成也用五行金、木、水、火、土来解释，用五德仁、义、礼、智、信来表示道德标准，用五味酸、甜、苦、辣、咸来体现人的味觉。

6. six 与 "六"

在西方文化中，six 没有吉祥美好的意思，在一些习语中能看到其贬义。

例如：

at sixes and sevens　乱七八糟

hit sb. for six　给……以毁灭性打击

be six feet under　归西

中国人很重视谐音，因"六"与"禄"构成谐音，所以在汉语中"六"的寓意是福禄与平安，被人们视为象征顺利和吉祥的数字。人们自古以来都喜欢用"六"表达美好事物。

例如：

六合：天、地、东、南、西、北。

身怀六甲：古代妇女怀孕。

六畜兴旺：各种家禽、牲畜繁衍兴旺。

7. seven 与 "七"

在西方传统文化中，seven 是个十分神圣的数字，人们讲究七种美德、七种文理学问等。英语中有许多由 seven 构成的习语。

例如：

seven virtues　七大美德

the seven gifts of the spirits　七大精神财富

to be in the seventh heaven　极其快乐

相反的，在中国的文化中，"七"是被忌讳的数字之一，如人死后第七天被称为"头七"，家属需要告慰亡魂。因为种种不好寓意的存在，人们会刻意回避带有"七"的数字，如送礼时会选择八件而非七件，办喜事的时间不带"七"，哪怕是宴席上的菜数也避免和"七"相关。因"七"与汉字"气"构成谐音，因此人们在选择号码时也会避开"七"。

虽然农历的七月初七是牛郎织女相会的日子，但是中国人也不会选在这一天办喜事，若是这一天下雨，便是牛郎织女二人的眼泪，象征一种伤心的情境。此外，与"七"相关的很多习语也具有贬义色彩。

例如：

七嘴八舌：形容人多语杂。

七零八落：形容零散的样子。

七拼八凑：胡乱凑合，将零落的东西胡乱凑起来。

8. eight 与 "八"

eight 在西方被看作是至善至美的体现，其中最重要的原因便是如果将"8"竖立，可以表示幸福；而将"8"横倒之后，则表示了数学领域中的无尽符号。两者的意义相加便寓意着幸福无尽头。所以当日期中带有"8"，则被视为是吉利之日，人们也常在最喜欢的8月8日安排各种各样的庆典活动。

在中国，数字"八"是满足的象征，包括工作上、生活上，甚至是名誉上的满足等。数字"八"在民间的谐音含义也非常丰富，深受人们尤其是商人的喜爱。

同时，数字"八"作为数字"四"的倍数，有完美周到之意。

例如：

四平八稳：平稳，指说话、做事稳当。

正儿八经：正经的；严肃而认真的。

9. nine 与 "九"

nine 在西方人的眼中是一个"神数"，是 three 的三倍，与 three 有着同样重要的地位，代表了完美与圆满。

例如：

a cat has nine lives   猫有九条命

nine pins   保龄球的九个瓶装木柱

中国人对"九"的喜爱也丝毫不少，在中国文化中，"九"作为一个极数，代表了最多、最高、最大、最深、最远等含义，在这些意义的基础上又衍生出很多带有"九"的成语，如"九死一生""九州四海"等。"九"因由龙形的图腾文字演变而来，因此还被视为天数，不仅如此，从"九"的谐音字"久"来看，也有长长久久之意。除了这些，中国现存的许多古老建筑都印证了"九"的象征意义，故宫有九千九百九十九间房屋，还有北海附近的九龙壁，北京的九座城门，以及故宫的九丈九尺高等。

10. thirteen 和 "十三"

thirteen 是西方的头号大忌，这也有其文化渊源。例如，在英国和美国，楼层编号不设十三层，房间不设十三号，餐厅上菜不设十三道等。

与西方不同，在中国的文化中，十三存在好的象征意义，代表一些美好事物。例如，中国经典的儒家思想著作俗称"十三经"，明代帝陵称作"十三陵"，清代的京腔称为"十三绝"等。

（二）英汉数字文化翻译教学

英汉数字词语都具有极其丰富的文化内涵。数字文化的翻译可以帮助来自不同地区的人们相互理解和交流。以下是对数字词语的几种具体翻译方法，教师要让学生对其进行熟练掌握。

1. 保留数字直译法

保留数字直译法最大的优点便是对数字文化意象的保留，这一点可以大大弥补汉语数字词语典故在英语中存在的语义缺失，使译文更加通俗易懂。

【例1】十年树木，百年树人。

[译文] It takes ten years to grow trees, but a hundred years to rear people.

【例2】七嘴八舌

[译文] with seven mouths and eight tongues

2. 保留数字套用法

保留数字套用法中的保留数字习语，是指利用人类思维和认知的共性，将汉语习语的一小部分用英语表达出来的一种方法。翻译方法涉及两种不同的情况。

①翻译时数字大小会根据情况发生改变。

【例1】一个巴掌拍不响。

[译文] It takes two to make a quarrel.

【例2】半斤八两

[译文] six of one and half of a dozen

②套用可以完全抛弃数字的文化形象，采用目标语言固有的表达方式来表达。

【例1】不管三七二十一。

[译文] Throwing cautions to the wind.

【例2】五十步笑百步。

[译文] The pot calling the kettle black.

结合以上两种情况，译者应根据具体情况和目的语语境选择是否保留或替换习语中的数字。

3. 通俗共用翻译法

对于英语与汉语习语中内容与形式相近的同义数字，可以使用通俗共用的翻译法来进行翻译。这种方法的好处在于可以尽可能地还原原作想要表现的内容、形式以及风格，通过迎合习语的这些要求，达到一种通俗共用的效果。

【例1】一举两得

[译文] kill two birds with one stone

【例2】三三两两

[译文] in twos and threes

4. 舍弃数字意译法

舍弃数字意译法是通过保留习语要表达的含义，摆脱原有形式的方式进行翻译的方法。虽然会因此放弃对原文形象的表达，但是因其表意方面也足够接近原文，因此这种翻译方法也较为常见。使用数字翻译可以很好地传达情感，帮助英语读者掌握原文的真正含义。

【例1】新官上任三把火。

[译文] A new broom sweeps clean.

【例2】三个臭皮匠，顶个诸葛亮。

[译文] Two minds are better than one.

【例3】冰冻三尺，非一日之寒。

[译文] An iceberg is not formed in one month.

二、汉英色彩文化对比与翻译教学

（一）汉英色彩文化对比

1. black 与黑色

在英语中，black 象征死亡与灾难，是西方的基本禁忌色，例如，to wear black for her father（为她父亲戴孝）等；black 还象征着耻辱与不光彩的事，如 a black mark（污点）、black sheep（败家子）等；black 与犯罪也有关，如 black money（黑钱）、black mail（勒索）、a black deed（极其恶劣的行为）；black 也可用于形容前途暗淡与意志消沉，如 black dog（沮丧，意气消沉），the future looks black（前途暗淡）等；black 甚至还能表示愤怒，如 black in the face（脸色铁青）、to look black at some one（怒目而视）等。

在中国，黑暗通常象征刚正不阿、尊贵、神秘等，在戏剧脸谱中，一般用黑色脸谱象征人物刚正严直的性格特点；黑色原本就有黯淡无光之义，会给人一种恐怖的感觉，因此形容阴险狠毒的人为"黑心肠"，形容不可告人的丑恶内情为"黑幕"；黑色代表邪恶、罪恶，反动集团的成员被称为"黑手""黑帮"，盗匪行径叫"走黑道"，杀人越货、干不法勾当的客栈叫"黑店"，违禁货物交易的场所叫"黑市"等。

2. white 与白色

white 除了表示其本意的"白"之外，还被西方人当作公正、纯洁、高尚与吉利的代名词。white 是西方人崇拜的颜色，因为 white 具有纯洁、光明、和平、善良等象征意义，所以衍生出许多和 white 相关的词汇。

例如：

white soul　心灵纯洁

white sheep　白色的绵羊

white wedding　穿着白色婚纱的婚礼

Snow White　白雪公主

white handed　正直的人

white man　高尚的人

除了含有褒义外，white 也存在一些带有贬义色彩的词语。

例如：

white faced　脸色苍白的（不是指皮肤是白色的）

white hot　愤怒的（不是指白热）

white feather　懦弱（不是指白色的羽毛）

在汉语文化中，白色则包含了不吉祥的寓意。例如，中国的丧事一般用"白事"来表示，人们通过戴白帽、穿白衣来表达对逝去之人的悼念与尊重。下面列举一些与白色有关的词汇。

白虎星：旧时指给人带来灾祸的人。

白痴：智力低下的人。

白区：指反革命势力所控制的地区。

白干：指出了力没有得到明显的效果。

白色除了含有这些不吉祥的含义，也含有明亮、干净等褒义词性，因此人们形容一个人纯洁可以说"洁白如玉"。白色还有光明、善良的含义，因此人们称医院的医生、护士为"白衣天使"。

3. red 与红色

在西方人眼中，红色代表流血、牺牲或是殉难等不祥的征兆，因此在西方国家的婚礼上，都不会穿红色的衣服。红色经常代表一些可怕的事情，例如，red hands（沾满血的手），red battle（血战）等。

在中国人的眼中，红色代表兴旺、吉祥与成功，因此中国人对红色的态度与西方人是完全不同的。中国人以红为贵，认为红色具有美好的寓意，这源自古代的中国人对太阳的崇拜，太阳从东方升起，炙热的高温与火红的颜色给人以神秘感，因此红色就变成了古人崇尚的颜色。

古代中国人每年春节都会挂红灯笼、贴红对联、燃放红色烟花、穿红色衣服，这不仅是一种驱邪的手段，也是一种保佑家里平安的方法。在戏剧中，红色的脸谱象征着忠诚和正直。同样，在传统的中国婚礼上，新人都会穿红色的婚服、张贴红色的喜字、点燃红色的蜡烛、新娘头盖红色的盖头，这不仅增添了婚礼的喜庆氛围，也预示着未来新婚夫妇的美好生活。因为红色象征着成功、美丽，所以受追捧被称为"红极一时"，而受欢迎的人被称为"红人"，美丽的女人被称为"红颜"。除了这些褒义词性之外，红色也有贬义，例如，"眼红"中的"红"表示嫉妒、羡慕。

4. yellow 与黄色

yellow 在西方文化中具有两种截然相反的含义：第一种含义象征财富、名誉与权利，这是由金子和太阳的黄色衍生出的寓意；第二种含义则是表示胆小与卑鄙，例如，yellow dog（卑鄙的人）、be yellow（怯懦）等。

黄色在中国文化中是最尊贵的颜色，是各个朝代皇权的象征。自中国唐代之后，黄色就变成了只有帝王才可以使用的颜色，例如，黄袍、黄榜以及黄历等。黄袍是古代帝王的衣装，黄榜则是用黄纸书写的皇帝告示，黄历是指古代的帝王所遵循的行事规范，所以也被称为"皇历"。

5. purple 与紫色

purple 在西方文化中是贵族的象征，例如，to marry into the purple 指"嫁

入显贵人家"，to be born in the purple 是指"人出生于皇室或来自非常高贵的家族"等。

紫色在中国文化中也象征着较高的社会地位，如紫色代表王权，如今的故宫便是紫禁城，是古代皇帝的居所。

（二）汉英色彩文化翻译教学

以下几种具体色彩文化翻译方法，教师要让学生对其进行熟练掌握。

1. 直译法

直译法适用于要翻译的英汉色彩中含有的文化内涵是对应或接近的情况。

例如：

Crows are black all over the world.　天下乌鸦一般黑。

gray clothes　灰衣服

blue collar　蓝领

white person　白人

black board　黑板

black humor　黑色幽默

blue sky　蓝天

red carpet　红毯

2. 变色翻译法

当汉英两种语言中出现不同色彩表示同种意思的时候，可以采用变色翻译法进行翻译，这种翻译方法是将源语中的色彩词语转换成目标语中对应的色彩词，目的是符合读者所处的文化背景与语言习惯。

【例】我的手指夹在门缝里，压得又青又紫。

［译文］My finger was caught in crack of the door and got pinched black and blue.

英语文化习惯用 black and blue 对遍体鳞伤、伤痕累累进行描述，在汉语文化中却用"青一块、紫一块""又青又紫"来表达，如此进行变色翻译更为恰当。

此外，还有以下这些例子。

brown sugar　红糖

brown bread　黑面包

red sky　彩霞

blue talk　黄色段子
purple wine　红葡萄酒

3. 增色翻译法

若源语中并未出现色彩词，译者也可以根据目的语所表达的内容自行添加色彩词，使其表意更加接近源语，这种翻译的方法叫作增色翻译法。

例如：

black future　暗淡的前途
heckling and funeral　红白喜事
make a good start　开门红
red-letter day　重要的日子/节日
see red　大怒
red tape　繁文缛节

4. 删色翻译法

当对英汉语言中的部分色彩词无法进行直译时，就可采用替换色彩词的方式进行翻译，甚至可以通过去掉色彩词的方式进行意译，目的是更准确地表达源语语义。

例如：

a black look　怒目
red ruin　火灾
good luck　红运
honor roll　红榜
evil mind　黑心肠
She is green with jealousy.　她醋意大发。
He has white hands.　他是无辜的。

第三节　汉英节日文化对比与翻译教学

一、汉英节日文化对比

中西文化中的节日文化具有很大差异，这里将从节日起源、节日活动以及重要节日等方面进行对比研究。

(一)节日起源对比

从起源上来说,中西方节日存在一定差异,西方节日主要以宗教为源头,而中国的节日则更加侧重时令,具体表现在以下方面。

1. 西方节日以宗教为主

西方节日最主要的形成原因是其所处的环境有浓厚的宗教氛围,如1月的主显节、2月的圣瓦伦丁节(也称"情人节")、4月的复活节、5月的耶稣升天节、8月的圣母升天节、9月的圣母圣诞节、11月的万圣节、12月的圣诞节等,这些节日无不与宗教传说有关。

在渐渐产生的西方宗教节日中,感恩节(Thanks Giving Day)最早是由清教徒移民北美之后为了庆祝丰收而定下的节日,后又被华盛顿、林肯等规定为"感谢上帝恩惠"的节日,从此又为感恩节蒙上了一层浓厚的宗教色彩。

2. 中国节日以时令为主

我国古代的农业文明持续了很久,在这期间产生了许多与时令节气有关的特色节日。中国人在节日期间,会依次对各路神仙进行参拜,以祈求生活平安、幸福。其中,最出名的神仙要数观音菩萨和玉皇大帝,而最贴近人们生活的则是门神、灶神。每年农历的腊月初八是腊八节,人们会熬制具有特色的腊八粥,用来预示新年的来临。

(二)节日活动对比

中西方在庆祝节日时会组织不同的活动,西方节日活动注重交际,中国节日活动注重饮食,下面对其展开具体的对比介绍。

1. 西方节日活动注重交际

西方人的节日不仅有盛大的庆祝活动,还有特色美食。常见的如圣诞节人们会吃的火鸡(turkey)以及感恩节吃的特色南瓜饼(pumpkin pie)。圣诞节吃火鸡是因为北美本就是火鸡的栖息地之一,而感恩节的南瓜则是北美最常见的植物之一。除去食物以外,复活节还有自己的节日象征——兔子和彩蛋。可以看出,与中国注重节日活动相比,西方国家更加注重节日的交际与快乐。无论是兔子和彩蛋样式的巧克力,还是英国地区的彩蛋比赛,都帮助人们收获了快乐。

2. 中国节日活动注重饮食

"每逢佳节倍思亲"体现了中国人对团圆的重视,因此不远千里回家团圆便成为中国各个节日的传统习俗。不但如此，为了体现团圆，人们在不同节日还会吃不同的圆形食物，例如，春节时吃汤圆，元宵节时吃元宵，中秋节吃月饼等。中国的节日特色便是与家人团聚。

中国传统节日中的饮食往往具有丰富的寓意和内涵。人们想通过饮食传达一种祝福、愿望以及对自然和对天地万物的感激之情。

（三）重要节日对比

传统节日无论是在西方国家还是在中国都很常见，下面将对几个重要的节日习俗进行对比，分别是西方的圣诞节和中国的春节，西方的万圣节和中国的清明节。

1. 圣诞节与春节

西方的圣诞节（Christmas）和中国的春节作为重要节日，其共同之处在于都展现了家庭团圆的欢乐、祥和气氛。西方的圣诞节是在浓厚的宗教色彩中诞生的，而中国的春节则是红红火火的，伴随着各种活动的热闹节日，全家一起辞旧迎新，共同庆祝新年来临。下面具体介绍两个节日的习俗。

（1）圣诞节

圣诞节在西方世界的人们心中有着不可替代的地位，在英国的习俗中，人们在圣诞节过后会持续不断地庆祝12天，这个时期被叫作"圣诞季节"（Yuletide），人们会一直休息到1月7日的圣帕特里克节才开始工作；在美国，人们会从平安夜开始筹备，一直持续到1月6日的主显节才结束，他们称这段时间为"圣诞节节期"（Christmas Tide）。人们通常会将圣诞节与新年连在一起，将其作为一个全民性的节日来庆祝，西方人也非常重视家庭团圆，会一起在圣诞树下围坐，共同祈祷平安幸福，享受火鸡等美食。

（2）春节

春节是中国最重要的节日，象征着辞旧迎新。不同地区庆祝春节的方法也不尽相同。一些地方从腊月起便开始举办习俗活动，当到腊月二十三祭灶"过小年"时，人们便开始打扫住处，并将这种活动称为"扫尘"，"扫尘"有着"除尘布新"的美好寓意，是要将一年的霉运扫走。除此之外，人们还会张贴象征喜庆和热闹的对联。

在春节期间，全家团圆相聚一堂已是自古以来的节日风俗，由于春节的持续时间较长，因此这是一次难得的与亲朋好友相聚的机会，大家在一起吃的"年夜饭"也寓意着幸福和谐。

在吃团圆饭时的说辞也有很多讲究，例如，人们要多说"发""好"等吉利的词语，避免说"少""无"等词。团圆饭中不可或缺的鱼代表"年年有余（鱼）"，过年时的年糕则代表了一年更比一年高。

一家人在除夕之时会坐在一起聊天，等待零点钟声的敲响，共同"守岁"迎新年。

春节会一直从正月初一持续到正月十五，这段时间人们会完全沉浸在春节的快乐气氛之中，期间会进行各种活动，例如，过年会向孩子发放压岁钱，会走街串巷去拜年，一些地方还会赏花灯、舞狮子等。

中国人也很重视对先祖的祭拜，因此在春节期间，人们会去墓地烧纸、上香等。

2. 万圣节与清明节

（1）万圣节

万圣节是西方祭祀亡魂的节日，起源于古代凯尔特民族的新年节庆。相传节日期间，当地的人们会用宝贵的食物祭拜祖灵、善灵来躲避灾祸，同时祈求顺利度过寒冷的冬天。随着节日习俗的不断发展，人们会在万圣节期间举办许多盛大的庆祝活动。

人们会在万圣节的前夜盛装打扮，可以身着奇装异服，不用在意他人眼光。孩子会在这一天戴上自己提前准备的面具，穿上各种奇形怪状的服装到处搞恶作剧。其中的特色活动之一便是孩子们去家家户户门前"祈祷"，当主人开门后，孩子们便会喊"trick or treat"（捉弄或款待）。主人进行不同的回答会得到截然不同的结果，若是回答"treat"并给予孩子一些糖果，孩子们便会开开心心地离开，反之，孩子们便会在房子周围继续搞恶作剧。

许多公共场合也会在万圣节当天进行各种装饰，有妖魔鬼怪、南瓜灯、稻草人或者骷髅等，各户人家都会举办化装舞会，并在显眼处摆放水果和食物供鬼魂食用，来保证人和动物的安全。最热闹的要数万圣节的大游行活动，人们身着奇装异服在游行中尽情享乐。

（2）清明节

中国的清明节传达了人们对逝者的缅怀和悼念之情，具有重要的纪念意义。每年清明节，人们都要回到家乡祭祖、扫墓。人们会清除墓碑周围的杂草、上贡品、烧纸钱、放鞭炮等，这既是对先人的怀念与敬仰，也是对生命的崇尚与热爱。

人们在清明节还会插柳、戴柳，这一行为起初是为了纪念"教民稼穑"的农事祖师神农氏,后来人们发现柳树具有旺盛的生命力和强大的适应能力,因此人们又赋予柳树长寿的美好寓意,通过清明的插柳来寄托长寿、趋吉避凶的愿望。

二、汉英节日文化翻译教学

(一)节日名称的翻译教学

1. 中国节日名称的翻译教学

中国节日历史悠久,各有其独特风格,因此在翻译中国节日时,要做到灵活处理,切忌千篇一律或随意翻译。具体可采取下列几种方法,教师要引导学生熟练掌握。

(1)音译法

将词语转换成另一种语言里对应发音的词就是音译法,音译法主要是从发音和含义等主要功能方面进行考虑。

如一些常见的中国节日:

the Qing Ming Festival　清明节

the Zhong Yuan Festival　中元节

(2)直译法

直译法就是按照字面意思进行翻译,既能够保留源语特点,又能方便读者理解。许多节日都是这样翻译的,例如,春节、中国青年节、建军节等节日都可以采用直译的方法。春节中的"春"翻译成 Spring,"中国青年"翻译成 Chinese Youth,"建军"翻译成 Army,于是这些节日便被翻译成了 the Spring Festival, Chinese Youth Day, the Army Day。

(3)按照农历翻译

农历对于中国人有重要的意义,中国作为农业大国,各种农业生产活动对很多中国节日都产生了一定的影响。许多的节日是按照农历计时的,所以不仅要翻译出节日的名称含义,还要考虑其农历时间。

例如:

七夕节　the Double Seventh Festival(农历的七月初七)

(4)按照习俗翻译

在中国,不同的传统节日的庆祝方法往往都有其独特性,因此对于节日名称的翻译也可以参考这些节日的习俗特点。

例如：

端午节　the Dragon-Boat Festival

端午节是为了纪念伟大的爱国诗人屈原，所以中国人会在这一天吃粽子并举行龙舟比赛。

中秋节　the Moon Festival

人们在这一天赏月，和家人一起吃月饼，团聚在一起。

2. 西方节日名称的翻译教学

对于西方传统节日的翻译，通常采用直译法或意译法。

例如：

All Saints' Day　万圣节

New Year's Day　新年

Easter　复活节

Christmas　圣诞节

（二）节日文化词的翻译教学

1. 中国节日文化词的翻译教学

通常可采用直译法与意译法对中国节日文化词进行翻译。

（1）直译法

对易于理解的中国节日文化词，为了更好地保留原文的形式和内容，呈现地道的源语文化，通常使用直译法进行翻译。

例如：

Dragon Lantern Dancing　耍龙灯

Lantern Festival　灯会

Spring Festival Couplets　春联

（2）意译法

对于具有特殊文化含义的中国节日文化词语，如果使用直译法进行直接翻译，会对读者的理解带来一些困难，这时使用意译法便可以使这些节日中的文化内涵有更好的体现。

例如：

pictures of the god of doors and wealth　门神财神

sticky rice dumplings　粽子

waking up on New Year　守岁

2. 西方节日文化词的翻译教学

意译法是翻译西方节日文化词语时最主要的方法，直译法一般作为辅助方法使用。

例如：

Christmas stocking　圣诞袜
Santa's hat　圣诞帽
Easter eggs　复活节彩蛋
pumpkin pie　南瓜派

第四节　汉英典故文化对比与翻译教学

典故是民族文化的宝藏。对典故的翻译可以将各民族的光辉历史呈现给其他的国家和民族，有利于民族间文化的交流，促进彼此的了解。在英汉典故文化对比与翻译教学中，教师首先需让学生了解英汉典故文化的不同，然后熟练掌握翻译方法。

一、汉英典故文化对比

汉语典故是指在诗文中引用的古书里的故事或词句。在英语中，与典故对应的单词是 allusion。英语和汉语对典故的解释既有共同点，也有各自的侧重点，都是指文学作品中引用的史料性文字。这些典故大多是由生动形象的故事浓缩而来的，因此典故具有含蓄而深邃的特点，典故不论中西，贵在含而不露，妙在意在言外，功在寓意深邃，余音绕梁引人联想翩翩。

典故在我国悠久的历史文化中有许多的出处，如古代的神话传说、不同民族的宗教信仰、史实、不同时期的文学作品和文献、民间的民风习俗等，这些典故无不包含了深刻的道理和文化内涵。

英语经历了较大的演变过程，其中也有对其他语言的兼收并蓄，使英语词汇得到了丰富。英语典故多出自希腊罗马神话、民间传说、寓言故事、《圣经》，正统的典故多成典较晚。

无论是英语还是汉语的典故出处都很相似，所以存于典故中的设喻方式也极为相似。可以将其概括为以下几种类型。

（一）借助地名设喻

使用特定时间或故事中涉及的地名作为隐喻方式，来表达特定含义。例如，英语 meet one's Waterloo（遇见滑铁卢），滑铁卢是比利时的一个城镇，这个短语用来指拿破仑领导的法国军队在滑铁卢战役中的失败，后用作比喻惨遭失败。

汉语中也有这样的典故。例如，"东山再起"指的是东晋谢安退隐，在东山隐居，但后来又出山在朝廷中担任重要职务。后来，这个短语被用来指失去权力后，又恢复地位、获得权力。

（二）借助人物设喻

人物设喻是一种在特定时间或故事中使用人物作为隐喻方式来表达特定意义或道理的方法。例如，莎士比亚戏剧《威尼斯商人》中无情的吝啬鬼夏洛克经常被用来指吝啬的人。

相应的，汉语中也有很多这样的典故。例如，"孟母三迁"原本是指孟母在孟子童年时期非常重视对邻居的选择，不惜经历三次迁居来为孟子找到一个良好的教育环境，后来被用来喻指选择良好的居住和教育环境对儿童教育的重要性。

（三）借助事件设喻

使用特定事件或故事作为隐喻方式来表达特定意义的方式。例如，"最后的晚餐"是耶稣基督在得知自己将被一个门徒背叛后当场宣布的预言，后常指遭人背叛。

汉语典故也常借助事件设喻。例如，"负荆请罪"这一典故讲的是战国时期廉颇为自己的居功自傲、慢待蔺相如而向其负荆请罪，从而使将相友好相处，后来用该典故来形容认错赔礼。

（四）借助动植物设喻

将特定的事件或故事所涉及的动植物作为喻体表达特定喻意的方法是借助动植物设喻。例如，英语典故 scapegoat（替罪羊）源自《圣经》故事，讲的是大祭司亚伦将通过抽签抽来的一只大公羊作为本民族的替罪羊放入旷野以带走本民族的一切罪过，现用来指代人受过或背黑锅的人。

汉语中也有许多借助动植物设喻的例子，"鹬蚌相争，渔翁得利"就是以动植物设喻的典型例子。讲的是一只蚌张开壳晒太阳，鹬去啄它，被蚌壳钳住了嘴，在双方相持不下时，渔翁来了，把两个都捉住了，后人用这一典故来比喻双方争执不下，两败俱伤，让第三者占了便宜。"草木皆兵"讲的是前秦苻坚领兵进攻东晋，进抵淝水流域，登寿春城瞭望，见晋军阵容严整，又远望八公山，因把山上的草木都当作晋军而感到惊惧，后来喻指在失败和慌张的情境下产生错觉。

二、汉英典故文化翻译教学

在英汉典故中蕴藏的文化内涵非常丰富，翻译时有时会采用单一的方法，有时也会采用多种方法共同翻译，其最终目的都是更加准确地传递典故的文化内涵。

下面是几种常用的翻译典故的方法，教师要让学生对其进行熟练掌握。

（一）直译法

直译法可以用于翻译不同语言中喻体和喻意相互对应的典故，这样可以充分地将典故形象与民族文化特色进行展示。

例如：

One swallow doesn't make a summer. 一燕不成夏。

bone of the bone and flesh of the flesh 骨肉相连

cold war 冷战

（二）意译法

当直译法无法令读者理解原文意思时，就要考虑使用意译法来进行翻译，这样虽然会一定程度地修改原文的文化形象，但是在传达原文的内在含义方面可以做到准确充分。

例如：

to return sth. to its owner on perfect condition 完璧归赵

between Scylla and Charybdis 进退维谷

Smith often Uncle Tommed his boss. 史密斯常对老板阿谀奉承。

like a fish out of water 很不自在

hide ones candle under a bushel 不露锋芒

to be cat's paws 上当，被人利用

（三）直译加注法

下面会列举一些不适合直译的例子，在这些情况下单独使用直译法并不利

于读者的理解，但是采用意译法又会破坏原文的风格和其展现的形象，因此想要准确还原和翻译这些典故，需要用直译加注法来进行翻译，这样既容易理解原文，又保留了原文特色。

例如：

There is no rose without a thorn.

世上没有不带刺的玫瑰。（世上没有十全的幸福。/ 有乐必有苦。）

An old dog will learn no new tricks.（You cannot teach old dogs new tricks.）

老狗学不出新把戏。（老顽固不能学新事物。）

（四）套译法

套译法适用于源语与目的语的文化内涵与表达方式都大致相同的典故。

例如：

过河拆桥　Kick down the ladder.

隔墙有耳　Walls have ears.

（五）多种译法相结合

从上文英汉典故可以看出，在这些典故中都有非常丰富的文化内涵和底蕴，有时采用单一的翻译方法很难完美地传达这些典故蕴含的文化、民族特色，因此为了使目的语读者能够更好地理解这些典故的含义，可以组合运用多种方法进行翻译，实现对典故的准确翻译。

第七章　英语翻译中的跨文化意识培养

翻译不仅是不同语言间符号的转换过程，更是一种跨文化的信息传递过程，本质上是跨文化交际的行为。翻译与文化密不可分，要正确处理好翻译教学中的文化问题，在教学中培养学生的跨文化意识。因此，探讨拓展翻译教学中的跨文化意识的培养途径与方法具有重要的现实意义。本章通过对翻译中的跨文化意识和翻译教学中的译者跨文化意识的培养两部分内容进行论述，从而对英语翻译中的跨文化意识进行研究。

第一节　翻译中的跨文化意识

一、跨文化交际与跨文化意识

信息的传播随着社会发展与科技进步变得更加广泛，世界各国也在政治、经济等诸多领域不断加深合作，人们之间的交流沟通变得更加频繁。跨文化交际就是在这样的背景下产生的，对跨文化交流的定义便是基于不同国家和民族人民在不同文化背景下的交流而产生的。其中，跨文化交际亦可分为语言交际和非语言交际，翻译所属的书面交际属于语言交际的二次分类类别，与之对应的是话语交际。

跨文化交际的相关研究是为了保证国际交流与合作的顺利完成，其研究的内容主要集中在国家和文化背景存在差异的人群在交际中产生的问题以及解决问题的方法上，而研究的最终目的是确保不同文化环境和背景下的人们可以进行恰当的沟通，提高人们的跨文化意识和交际水平，这其中所涉及的对文化差异的敏感性就是"跨文化敏感性"。

罗伯特·汉维（Robert Hanvey）对跨文化敏感性进行了详细的阐述，并将跨文化交际参与者对文化因素的敏感认知分为四个层次。

一是认识怪异的表面文化现象。

二是对与母语文化完全相反的文化特征的认知。

三是对文化特征进行理性分析后的认知。

四是要求跨文化交际参与者具有情感共鸣和站立在异文化的角度思考问题的能力，这是跨文化意识的最高水平。

二、译者的跨文化意识及其研究背景

（一）译者的跨文化意识

罗伯特·汉维所探讨的跨文化意识并不针对译者，而是指代一般意义上的跨文化意识。对于译者来说，其需要具备的跨文化意识是不同于一般意义上的跨文化意识的，译者的跨文化意识应具备其独特的内涵。

罗伯特·汉维所关注的跨文化意识，是一种异文化的意识，是一种基于民族文化产生的意识。译者在翻译时所要面对的是两种不同的文化，除了要对两种文化都有深入了解外，还应意识到如何处理这些文化因素的差异。因此译者的跨文化意识应当包括对源语言文化的意识、对目的语文化的意识和在翻译时使用恰当的策略与方法的意识。前两者是译者进行翻译活动最基本的条件，是构成译者跨文化意识的第一个层面，而最后一点是译者作为翻译活动的主体应该具有的，是跨文化意识的第二个层面。

（二）研究背景

翻译研究在近年的发展趋势中呈现出两种趋势，一是翻译由注重语言渐渐向注重文化方向发展，二是翻译理论越发强调传播理论。在这两种趋势的推动下，翻译行为更加向跨文化交际行为靠拢，同时其不仅是语言转换活动，更成为跨文化交际的桥梁。文化间的差异若不在跨文化意识的帮助下进行了解，必将导致更深的误解和冲突，使得跨文化交际活动无法顺利进行。由此可见跨文化意识对译者的重要性。对于译者来说，掌握两门语言是最基础的能力，但是仅仅如此还不够，还需要熟悉两种语言的文化。因此，要想培养译者的跨文化意识，就需要对影响译者的文化因素进行深入分析。

三、影响译者翻译的文化因素

（一）历史文化

人类在历史发展与社会进步的过程中会积累历史文化。历史文化因国家和民族不同而产生巨大差异，不同的国家和民族将形成各具特点的历史文化。历史文化的差异是阻碍语际信息传递的主要原因。随着差异的增大，这其间的鸿沟也变得更加难以跨越。对于译者来说,应当熟悉源语与译入语两种语言的文化背景、历史文化的差异,并知道用何种方法表达才能被读者理解和接受。若缺乏这种敏锐的意识,在翻译中就会不可避免地出现理解错误和表达不当等问题。例如,把 twist the lion's tail 引申译成"摸老虎屁股"或"自找麻烦"实属误译,而其真正的含义是"冒犯英国"或"与英国(人民或政府)为敌"。因为很久以来,英国君主一直用雄狮纹章作为英国国徽,英国又被称作 the British lion(不列颠雄狮)。

(二)地域文化

地域文化的产生和地理环境、自然条件等地域的差异有关,不同地区的人们有时会使用不同的语言描述同一事物或现象。如果国外人对中国文化背景了解不够,就很难理解"人心齐,泰山移"中的"泰山"所表达的真正含义,即重大的、有价值的事物。同样的,中国文化中的"东风"和西方文化里的 east wind 联想意义截然不同,东风在中国文化中是"春天"与"温暖"的代名词,东风来便代表着春天来,所以中国文化中处处透露着对东风的喜爱;与之相反,在西方世界,人们不仅不喜欢东风,还对其厌恶有加,当地的东风会带来欧洲北部大陆的寒冷空气,与中国文化中对应的词语是在北大西洋洋流中通过的代表温暖的西风。在中国文化中,东风是正义的,西风是邪恶的。

不同民族对动植物的喜好也取决于其所处的环境。农业是中国国民经济的重要基础。在古代,传统的耕作方式是牛耕,因此耕牛在传统文化中就成为勤劳的象征。人们会把那些辛勤工作、不知疲倦的人比作"老黄牛",例如,鲁迅曾经说过"俯首甘为孺子牛"。而在古代的英国,农民主要靠马耕种土地,靠牛来获取牛奶和肉。因此,对于英国人来说,努力工作的象征就变成了马。所以汉语说"力大如牛",英语则是 as strong as a horse;汉语讲"像牛一样勤劳",英语则是 work like a horse。

(三)民俗文化

在日常生活中,各种民俗形成的文化就是民俗文化。不同民族会有自己独特的打招呼、致谢和道歉的方式,也有各自不同的称谓、约会、告别的形式,这些不同的民族文化规约和习俗都属于民俗文化。

(四)宗教文化

宗教文化是人类文明的重要组成部分,是因一个民族的宗教信仰所形成的。

几乎每个国家、每个民族都有自己的宗教信仰。佛教和道教对中国的宗教文化有着深远的影响。汉语中与佛教相关的词语非常多,"做一天和尚,撞一天钟""放下屠刀,立地成佛"等都是具有佛教特色的比喻;同样的,出自道教的词语也不在少数,如"灵丹妙药""八仙过海,各显神通""运气"等。

在许多西方国家,尤其是在英美两国,人们普遍信奉基督教。英语中有很多来自基督教的词汇,如 the forbidden fruit(禁果)、God helps those who help themselves(天助自助者)等。

在翻译中应充分注意中西宗教文化的差异,否则会出现翻译失当。宗教文化广泛而深刻地影响着社会生活中的语言交流。本民族的宗教文化往往在不同程度上制约和影响着外语学习者对其他民族宗教文化的理解和接受。语言是文化的载体,原文中的一些词语和表达难免带有源语文化色彩。初学翻译者容易受母语文化的影响,从而造成理解上的偏差。从上述四个方面可以看出,在翻译过程中,不能单纯靠语言来理解原文,这给译者带来了巨大挑战。由于文化差异的存在,在不同语言之间进行一些事物或现象的解释是极其费力的,而且因为初学翻译者对文化内涵了解得不够全面,甚至注意不到某些隐蔽的差异,可能会影响译文对原文的思想传达,甚至使读者误解。这就要求译者不仅要熟练掌握两种语言,更要熟悉二者背后的文化内涵,要培养跨文化意识,在正确的方向上努力提高翻译的技巧和能力。

四、译者跨文化意识的第一层次

译者对两种文化的异同点的清晰了解,是跨文化意识的第一层次。英语中的习语均包含大量的文化信息,其中以动物为喻的习语数不胜数,体现了西方世界的文化背景与特征,同时体现了其鲜明的民族特色,是民族文化凝聚的产物。对习语的翻译可以更好地体现译者跨文化意识的水平,当译者对这些文化因素进行处理时,要通过比较来分析不同文化的异同点,不同文化的异同点可归纳为以下四种情况。

(一)喻体、喻义都相同

从宏观上看,整个人类文化都有共性,这形成了人类对自身和外部世界的各种共识。

因此,我们可以在英语和汉语这两种截然不同的语言的某些表达中找到惊人的相似之处,这是一种文化重叠。

例如：

a wolf in sheep's clothing　一只披着羊皮的狼
make a monkey out of somebody　拿某人当猴耍
as fat as a pig　肥得像猪

（二）喻义相同，喻体不同或喻体空缺

1. 喻义相同，喻体不同

a lion in the way　拦路虎
as merry as a cricket　快活如喜鹊
like a drowned rat　像落汤鸡
an ass in a lion's skin　狐假虎威

2. 喻义相同，喻体空缺

great lion　有名气的人，大受欢迎的人
nothing ventured, nothing had　不入虎穴，焉得虎子
spring chicken　没有经验的年轻人，黄毛小子

（三）相同的喻体有不同的喻义

最明显的差异体现在以"狗"（dog）为喻的习语中。

在中国文化中，"狗"一词常具有贬义，如"狗嘴里吐不出象牙""狗头军师""狐群狗党""狗仗人势""狗东西"等。在英语中，dog 表意中性，如 a lucky dog（幸运儿）、top dog（优胜者），以及 clever dog（聪明的小孩子，伶俐的小伙子）、sea dog（老练水手）等，也有一些例外，如"He is in the dog house."（他名声扫地了），that dirty dog（那个狗东西）。

（四）喻体不同，喻义也不同

以"龙"这个词为例。中国文化中的"龙"和西方文化中的 dragon 本质上都是虚构的事物。中国文化中的龙代表祥瑞，是中华民族的象征，与之相关的词语有"望子成龙"，古代皇帝被称为"真龙天子"，而中华儿女也被叫作"龙的传人"；西方文化中的 dragon 是邪恶化身，常用作贬义，如 to sow dragon's teeth 比喻"播下不和的种子"。

不同文化之间的差异分析涉及方方面面的知识，上述分类仅是简要地说明跨文化意识的第一层次。

五、译者跨文化意识的第二层次

跨文化意识的第一层次是能够意识到两种文化的异同点，这是译者进行翻译的前提条件。译者在翻译时，应当在意识到文化差异的基础上进行"文化创造"，选择合适的策略和方法进行翻译。

译者不仅要知道如何翻译，还要将为何这样翻译解释出来。译者要结合翻译的各个因素来进行回答，如翻译涉及的两种语言的风格问题、两种文化的交流程度、不同文化读者的认知语境和译者本身的意图等。能够清晰地认知这些因素对自己翻译造成的影响以及可以清楚地解释这样翻译的原因，就说明译者达到了跨文化意识的第二层次。

文章越复杂，对译者的翻译能力要求越高，对其跨文化意识的敏锐度要求也越高。

译者在使用套用的译法时，要注意不同语言之间使用频度的区别。译者要意识到中英习语之间有使用频度的差异，并且在翻译时要结合文本的风格、功能和文体等因素。

如"Better to reign in hell, than serve in heaven."可以套译为"宁为鸡首，勿为牛后"。但是在弥尔顿的 *Paradise Lost*（《失乐园》）中，这句照字直译为"宁愿在地狱为王，也不肯在天堂里为臣"更能体现原作的宗教色彩。

此外，习语的套用不可乱用，避免望文生义。如 dog-eat-dog 不可套用"狗咬狗"，而是指残酷争夺，形容人吃人的关系。

类似的情况还有 teach fish to swim（多余的举动），不同于"班门弄斧"，before swine 也不同于"对牛弹琴"。后者出自《圣经》，说的是把珍珠投给猪，猪不但不识宝物，还咬投珠人。而"对牛弹琴"则是指牛只是不懂音乐之美，并不去伤害弹琴人。

第二节 翻译教学中的译者跨文化意识的培养

翻译课程作为大学教学课程的一部分，其最终目的是提高学生的专业翻译水平。英语专业的学生尽管在学习初期进行过大量的翻译实践，但是该时期的翻译更强调语言的对比，并没有建立在跨文化意识的基础上，没有对文化进行深入了解的翻译显得较为肤浅，也难以激发学生的学习兴趣，更不能真正有效地使学生的翻译能力得到提升。

第七章　英语翻译中的跨文化意识培养

语言学研究表明，语言不是孤立存在、自足发展的符号体系，而是与其所存在的文化系统紧密相关。虽然在语言符号的各个层次上，如词素、词、词组、句子、话语等，都已进行了比较充分的对比研究，并提出了一些切实可行的翻译技巧，如词类转换、减省增译、正说反译、抽词拆句等。然而，更多含有浓厚文化色彩的语言符号却不仅仅是某种技巧。

王佐良教授曾说过，翻译者必须掌握两种语言，但是不了解语言当中的社会文化，谁也无法真正掌握语言。可以说，翻译教学中只进行语言对比，而不进行社会文化对比，是无法真正搞好翻译教学的。所以一方面要注重学生语言转换能力的培养，另一方面更要注意提高学生对文化差异的敏感度，使学生明白如何针对不同的文化差异采取不同的处理方法。

人们在跨文化交际中更加喜欢借助母语的语言规则、文化背景、思维方式和交际习惯来进行思想的表达，而跨文化交际的困难就在于交际的双方缺乏对对方文化背景、价值观念等方面的意识，所以跨文化意识的培养可以帮助译者提高文化差异敏感性，实现对文化共同处的把握，促进跨文化交际双方互相理解，使跨文化交际活动更顺利地开展。

在翻译教学中对译者跨文化意识进行培养，可以从以下几方面着手。

一、遵循相关的原则

（一）整体性原则

整体性原则在教学中非常重要，在翻译教学的过程中，要将西方的语言与文化相结合，不能单纯地进行翻译技巧的讲授，也要培养学生的跨文化意识，使其具备语言文化差异处理能力，要整合文化与语言的特点进行翻译教学。

（二）差异性原则

由于中西文化体系存在巨大差异，因此在翻译教学过程中，教师应把握不同文化之间的异同点，进行文化比较，从而减少因文化差异造成的翻译错误。

（三）实用性原则

在翻译教学过程中，对跨文化意识的培养无法面面俱到，学生通过短时间的学习很难真正掌握一个民族博大精深的文化内容，也难领会其精髓。针对这种情况，教师需要有选择性地进行翻译技巧和文化知识的讲解，在培养跨文化意识的过程中要优先选择实用性高的内容进行传授，使得学生能够学有所用。

（四）层次性原则

层次性原则是指在翻译教学中，教师应当在培养学生跨文化意识时帮助学生区分表层文化与深层文化，使学生明确二者的联系与区别，并找到二者的交叉点，要帮助学生在学习文化的过程中打好基础，以便使其在日后的翻译学习中不断进步。

（五）阶段性原则

在进行语言教学的过程中，教师要把握好课堂的节奏，要由浅入深、循序渐进地教导学生，注重质量而非速度，要阶段性地对教学进行推进，使教学活动的开展符合跨文化意识培养中的阶段性原则，同时根据不同学生的水平差异以及知识储备程度进行有针对性的教学。在课程设计中，要设计分阶段的语言文化教学进程，最终使学生在阶段性的学习中提升跨文化意识。

二、充分重视中西方文化差异

培养学生的跨文化意识，重在使学生从根本上了解中西方文化的差异，这些差异在本质上是由不同国家、地区的政治、经济、文化等因素的差异造成的。因此，大学英语翻译教学的入手点便是了解西方的文化背景，进而科学地引导学生学习其文化内涵，在了解英语国家语言的文化属性、文化背景和文化寓意后，通过客观的分析与准确的判断，对英语文化有一个真正的了解，从而区分其与本土文化的异同点。

三、增强教师的跨文化素养

英语教师的专业技能和综合素养对英语翻译教学有着至关重要的影响，作为直接培养学生英语翻译能力的实施者，英语教师应当注重提升自身的翻译技能、增强跨文化意识与素养，不仅要对本土文化有深刻的了解和认知，还要全面地认识西方各个英语国家的历史文化与风土人情。在此基础上才能有效地区分和洞察中西方的文化差异，并在教学中引导学生进行文化比较，促进学生跨文化意识的养成。

学生跨文化意识的培养主要受到大学英语教师的影响，因此这也对英语教师的教学提出了更加严格的要求，在教师向学生传授翻译技巧、经验与方法的时候，要同时向学生介绍西方国家的历史文化和民俗风貌，还要对学生进行科学的引导，使学生在学会英语翻译技巧的同时，可以对西方国家的文化背景有一个系统全面的认识，进而在学习过程中不断提高跨文化意识与跨文化交际能力。

四、翻译教学要明确目标

翻译教学的根本目的是使学生掌握翻译的基本理论，对翻译有一定的理解和认识，为今后的发展打下良好的基础。

教学实践证明，翻译学习者很难通过学习一两年的课程成为一名好的译者。在翻译过程中，不能只注重翻译技巧，忽视翻译教学原则、翻译标准和翻译过程。

五、对课程设置方面进行改革

我国高校英语专业的翻译课程一般开设在三年级和四年级，每周两节课。由于翻译课程具有综合性，要求学生的中英文均衡发展，同时涉及许多其他学科的知识，所以学生很难在有限的时间内对翻译课程有全面而深刻的了解。

想要切实提高学生的跨文化意识，就需要对课程设置进行改革，直接方法是适当地增加课程的课时，提高对翻译课的重视程度。目前可以通过和各科教师协同合作来在一定程度上解决翻译课课时不足的问题。

六、对翻译教学方法进行改革

基于中英文化与语言的巨大差异，高校翻译课的教材和课堂教学还在遵循将语言讲解作为重点的传统教学模式。要想对翻译教学方法进行改革，教师应帮助学生理解不易懂的词语和句子结构，从翻译技巧的角度引导学生着眼于句子结构与篇章逻辑的转换与分析。在翻译教学过程中，教师要注重对学生跨文化意识的培养，不仅要向学生传授翻译技巧和语言知识，还要引导学生关注两种语言所反映的文化背景，培养学生的观察力、表达能力、理解力和创造力。

在布置家庭作业时，教师需要注重提高学生对所学技能的运用能力。同时，要让学生理解翻译的目的，提高学生对不同语言和文化的理解和应用能力。

教师要不断对教学方法进行改进，要用新思维、新理论和新观点去熏陶学生，要注重培养学生在翻译过程中的创造力，既要使学生打好翻译基础，又要使学生在思路和视野上有所拓宽。此外，还要重视对学生综合能力的培养，包括全译能力和变译能力等，如编译、摘译、译述、译写、述评、综述等能力，这样才能够充分利用国外的信息资源翻译出高质量的作品。

七、使学生尊重语言文化差异、正确处理文化因素

跨文化翻译涉及其他地区的文化，不同地区的文化有自己的本质特征和文

化风格，不同的语言、思维方式、交际规则和观念差异，共同决定了民族文化的特殊性。在跨文化翻译活动中，不能人为地改变、扩大或缩小文化差异，这些都会影响人类文化的平等交流。

首先，要树立文化差异观，要尊重客观存在的差异，从不同的角度去了解文化，从差异中寻找文化的共同点，寻找共同的"话题"，从而走出跨文化翻译的文化误区，最终建立跨文化对话式翻译模式。

前面介绍了"归化"和"异化"。作为跨文化翻译中处理文化因素的策略，它们一直是翻译界争论的焦点。异化学派主张保留源语中的异质元素，即"异国情调"和"异国风味"；归化学派认为翻译应"入乡随俗"，应将源语言中的异质成分转化为目标语言中相应的表达方式。

其次，正确地看待"归化"与"异化"的关系可以使二者在跨文化翻译中形成相辅相成、互证和互补的关系。

归化式翻译从功能上看，可以帮助读者更好地对译文进行理解，可以简化交流程序；而异化式翻译则可以更多地吸收异域文化因素，从而使译入语文化更加丰富。

译者应根据不同的交际目的和读者需求选择恰当的翻译策略。译者在翻译国外文化时应注意两点：第一，忠实于国外文化；第二，在保持本国、本民族文化的意识形态的基础上，避免侵犯目标语言的文化。可以看出，培养跨文化意识尤为重要，不仅可以借助外来文化的养分来建设民族本土文化，还可以避免产生极端的民族中心主义。

八、开展以实践为主的教学活动

新课改模式对教师提出了新的要求，要求其改变传统的"填鸭式""满堂灌"教学模式，将学生作为课堂教学的主体，除了要对学生进行传统的词汇、语法等相关知识的讲解外，还应引导学生进行实践活动，如情景模拟或角色扮演，借这些方式来激发学生的学习兴趣，进而提升学生的学习能力与跨文化意识。通过实践教学的方式，让学生主动地接受与学习，与传统的教师单纯依赖灌输教学的模式相比，实践教学方式能够使学生更加深入透彻地学到国外文化知识。

大学英语教师在讲解国外的文化背景或民俗风情等内容时，可以利用图片、视频等多媒体手段，向学生充分展示国外的文化，这样也更加便于课外作业的布置，可以促使学生在课下通过查阅资料等方式对国外文化有更深入的了解。教师可以在课堂上对学生进行分组，让各小组针对某一词语或语法所代表的文化背景与民俗风情等内容进行探讨与交流，学生在交流的过程中便可以加深对国外文化的了解、实现对英语知识的掌握，同时这也有利于学生跨文化意识的培养。

九、深入理解词汇文化内涵

大学英语词汇不仅是学生学习英语的基础，也是跨文化交际的最小语言信息单位。

大学英语教师在英语翻译教学中，要深挖词汇背后的文化知识，将表意与深层含义进行结合，并且联系词汇的文化底蕴进行讲解。不同语言包含不同词汇，而不同词汇也会造就不同的语言内涵及文化。如前文所说的，龙在中国和西方文化中有完全相反的两种寓意，西方世界的人听到代表邪恶的龙就会心生恐惧，而在中国，龙代表祥瑞和神圣，是中华民族的象征。

由此可以看出，即使有些词语的字面意义是完全相同的，但在文化背景差异的影响下，其内涵相差甚远。在大学英语翻译过程中，翻译不应只考虑词汇的表层意义，而应以词汇的深层文化内涵为基础进行翻译，避免翻译错误，提高翻译质量。

十、开展丰富多样的课外活动

在大学里，学习英语翻译和学习汉语知识需要经历一个长期的积累和沉淀过程，这是学习所有语言都需要经历的过程。课堂学习作为语言学习的主要渠道固然非常重要，但只靠课堂学习是不够的，不仅时间有限，并且形式较为单一。英语翻译的学习在一定程度上受外界客观环境的影响。

本书认为，大学英语教师应当尽可能多地为学生创造课外实践活动的机会，让学生在积极参与课外实践活动的过程中积累更多经验，掌握更多技巧。可以举办英语文化演讲比赛、英文作品朗诵比赛、校园文化节或是英语角等活动，增进学生对英语文化的理解，提高学生的英语翻译能力。

互联网和多媒体平台是学生和教师平时可以依托的学习、交流平台。学生可以借助教师事先上传在平台上的课件，在自己合适的时间进行在线或者离线的学习；除了课件之外，教师还可以分享一些有趣的外语文化知识或是外语翻译技巧，借此让学生进行更加全面的学习，并拓宽他们的视野。学生可以在第二课堂、情景模拟以及课外活动几种模式中通过进行角色扮演来加深对中西文化的了解与理解，不断提高跨文化意识。

参考文献

[1] 易连英. 跨文化视阈下的商务英语翻译失误与对策[J]. 洛阳师范学院学报, 2022, 41（01）: 90-93.

[2] 马睿. 英汉翻译中跨文化视角转换及翻译技巧[J]. 汉字文化, 2021（23）: 140-141.

[3] 杨嘉珈. 探讨英语翻译中跨文化视角转换与翻译技巧[J]. 经济师, 2021（12）: 227-228.

[4] 谷远洁. 跨文化交际下的旅游英语翻译策略研究[J]. 英语广场, 2021（33）: 24-26.

[5] 刘丽红. 论英语翻译中跨文化视角转换及翻译技巧[J]. 江西电力职业技术学院学报, 2021, 34（10）: 133-134.

[6] 张琛. 跨文化视角下的英美文学作品英汉翻译研究[J]. 海外英语, 2021（19）: 248-249.

[7] 盛思雨. 英语翻译中跨文化视角转换与翻译策略[J]. 作家天地, 2021（27）: 29-30.

[8] 班克衡, 张坤, 李启畅. 跨文化语境下的商务英语翻译策略[J]. 海外英语, 2021（17）: 170-171.

[9] 郝丹丹. 跨文化交际视角下英汉翻译归化与异化策略选择[J]. 佳木斯职业学院学报, 2021, 37（09）: 78-79.

[10] 茌庆梅. 英语翻译中跨文化意识的培养路径探析[J]. 辽宁经济职业技术学院·辽宁经济管理干部学院学报, 2021（04）: 104-106.

[11] 侯敏灵. 英语翻译中跨文化视角转换及翻译技巧分析[J]. 海外英语, 2021（13）: 174-175.

[12] 朱弯弯. 跨文化交际视角下的创造性翻译研究[D]. 南昌: 江西师范大学, 2021.

[13] 罗娜. 跨文化视角下旅游英语翻译策略[J]. 西部旅游, 2021（05）: 67-68.

[14] 钱汪海. 论英语翻译中的跨文化视角转化[J]. 黑龙江教师发展学院学报, 2021, 40（04）: 123-125.

[15] 王会. 论大学英语翻译教学中跨文化意识的培养[J]. 海外英语, 2021（07）: 129-131.

[16] 伍娟娟. 论跨文化交际中文化因素对翻译的影响[J]. 散文百家（理论）, 2021（04）: 79-80.

[17] 白锐. 英语商业广告翻译与跨文化交际[J]. 产业与科技论坛, 2021, 20（07）: 136-137.

[18] 李波. 跨文化交际在英汉翻译中的影响[J]. 校园英语, 2021（07）: 249-250.

[19] 崔馨月, 范丽军. 基于跨文化交流的英汉习语差异及翻译实践研究[J]. 现代英语, 2021（04）: 37-41.

[20] 刘嘉盈. 跨文化语境下英语翻译技巧探讨[J]. 青年文学家, 2020（27）: 181-182.

[21] 孔祥昊. 基于跨文化背景的英语翻译策略分析[J]. 校园英语, 2020（19）: 251-252.

[22] 冯键芳. 英语翻译中的跨文化因素解读与研究[J]. 吕梁学院学报, 2020, 10（01）: 26-29.

[23] 王继昂. 跨文化背景中的广告英语翻译研究[J]. 作家天地, 2020（03）: 34-35.

[24] 代冬雪. 跨文化视角下商务英语翻译的策略研究[J]. 才智, 2020（04）: 10.

[25] 顾春美. 浅析跨文化语境下的商务英语翻译策略[J]. 福建茶叶, 2019, 41（12）: 265.

[26] 李静. 跨文化视角下翻译中的归化和异化[J]. 校园英语, 2019（51）: 239-240.

[27] 张效瑾, 郭石磊. 翻译专业的跨文化能力培养[J]. 传播力研究, 2019, 3（34）: 242.

[28] 尹倩. 论翻译教学中跨文化意识的培养[J]. 校园英语, 2019（29）: 14-15.

[29] 周姗姗. 浅谈跨文化传播视角下的翻译实践与思考[J]. 农家参谋, 2019（13）: 244.

[30] 王璐瑶. 浅析跨文化背景下英美文学翻译的策略[J]. 校园英语, 2019（22）: 241-242.